特別支援教育は幸福を追求するか

学習指導要領、資質・能力論の検討

三木裕和 著
Hirokazu Miki

クリエイツかもがわ
CREATES KAMOGAWA

まえがき

全国障害者問題研究会（全障研）の全国委員長を務められた茂木俊彦先生は、その著書で私の実践記録を紹介してくださったことがある。重症心身障害児の心を理解しようとする私を過分に評価していただいた。

特別支援学校教員の職を辞し、鳥取大学での生活が始まった春、全障研鳥取支部で茂木先生をお招きし、講演会を開いた。２０１２年のことである。１００名を超える参加者で、茂木先生の人気を改めて感じた。

夕食交流会や翌日の観光で、親しい会話の機会を得ることができた。

「障害児教育の目標や評価について、講演を依頼されていましてね。準備に追われているんですよ」とおっしゃる茂木先生に、「いいタイミングです、私はちょうど、目標・評価論の論文を書き終えたところです。学内の紀要に投稿する予定です。お送りしましょうか」と、今にして思えば、ずいぶんと生意気なことを言った。

それはぜひ読みたいと茂木先生は返してくださり、後日、お送りした。

別の機会にお会いした先生は、快活な口調でこうおっしゃいました。

「読みましたよ。ありがとうございます。ぜひ、参考にさせていただきます。しかし、何ですね。三木さんの書くものは、あれは論文ではないです。アジ演説の原稿みたいなものですね」

笑顔を交えながら、しかし、まじめな口調を崩すことなく、話してくださった。学問としての体裁に不備がある。研究者になったのだから、その修業もしなくちゃねと諭されたように思う。一方で、私の書くものがアジ演説としての価値があると認められたようにも思えて、後者の理解にすがることにした。いずれにしても、貴重な思い出である。

鳥取大学在職中は、多くの研究者、学校教員と共同で、障害児教育の目標・評価について研究を続けることができた。共同作業の成果は、いくつかの著作として公刊することができている。[1)] 本書第1部は、その研究を踏まえて、OECDのPISA、特別支援学校学習指導要領改訂について、私なりの意見をまとめた。教育現場が必要とする知見を、少し難しい内容であってもちゃんと届けたいという思いで、わかりやすく書くよう努力した。

第2部は、鳥取大学在職中に学生たちから学んだことをまとめた。あわせて、鳥取大学附属特別支援学校の思い出も収めた。第1部に続く小論も書きとめた。

茂木先生の『都立大学に何が起きたのか　総長の2年間』（2005年、岩波ブックレット）は壮絶な闘争記録である。石原東京都政が教育、福祉、医療に総攻撃をかけ、東京都立大学はその急襲の矢面に立った。「ファシズムの最初の被害者は真実である。」そう言うべき事態が進んでいた。最後の都立大学総長として、学問の自由、大学の自治を守るため不眠不休の反撃を組織した茂木先生。あの温厚な学者の胸に、こんな熱い怒りがあったのだと改めて思い知る。

最後の卒業式の式辞が、同書に収められている。

意見を述べること、討議すること、一致点を見いだすこと、これらが無視されたり軽視されたりする経験が重なっていくと、人々は「もう何を言っても無駄だ、決めるのは自分ではなく、他の誰かが決めるのだ。結果が悲惨でも自分には責任がない」。このような心境になる危険性があるということです。さらに「今は何かを言う時期ではない。いずれ言うべき時、言える時がくる」。こんなことを口にするようにもなります。

私に言わせると、これは思考停止、主体的判断、意見表明権の放棄です。それは、歴史上の幾多の事件、もっと言えば戦争の前夜にも人々の耳にささやかれた、いわば「悪魔の声」です。誤解しないようにお願いしたい。本学の教職員の圧倒的多数は、そのように考え、そのように行動したというのではありません。しかし、私を含む相当数のメンバーが、耳元のその「ささやき」を聞いたのではないか。聞いたけれども、それをはねのけて、それぞれの仕方で見解を表明し、行動し、さらには学生の学習権は最大限に守らなければならないという使命を自覚して、大学をつくる実務に携わってきたのであると、そう私は確信します。

このような内心の状態、矛盾・葛藤、――それは何も今回のような事態においてだけ生きるのではありません。今後の社会・経済・政治・文化の、時に緩やかな、時に激しい変化の中で、一再ならず起こります。（中略）

配給されている頭を使って考えてほしい。そして自分で判断すること、人々に語りかけ、面をあげて歩むこと、それがどれほどにできているかと自らに問うことを、卒業後にそれぞれが生きていく場で大切にしていただきたい。（56～57頁）

自分で判断し、人々に語りかける。

茂木先生の言葉は、今を生きる私たちに厳しく響く。障害児教育の矛盾に向き合う仲間とともに、面をあげて歩みたいと思う。

茂木先生がご存命だったら、「しかし、先生、あれは卒業式の式辞じゃなく、アジ演説ですね」と冗談が言えたのに。残念でならない。

注

1)『障害のある子どもの教育目標・教育評価―重症児を中心に』２０１４年、『自閉症児・発達障害児の教育目標・教育評価1　子どもの「ねがい」と授業づくり』２０１９年、『自閉症児・発達障害児の教育目標・教育評価2　「行動障害」の共感的理解と教育』２０１９年。すべて、編著者は三木裕和、越野和之、障害児教育の教育目標・教育評価研究会。出版社はクリエイツかもがわ。

第1部

特別支援教育と資質・能力論

第1章　PISAから眺める日本の学力

がんらい、そのときどきの政策が教育を支配することは、大きなまちがいのもとである。政府は、教育の発達をできるだけ援助すべきではあるが、教育の方針を政策によって動かすようなことをしてはならない。教育の目的は、真理と正義を愛し、自己の法的、社会的および政治的の任務を責任をもって実行していくような、りっぱな社会人を作ることにある。そのような自主的精神に富んだ国民によって形作られた社会は、人々の協力によってだんだんと明るい、住みよいものになっていくであろう。そういう国民が、国の問題を自分自身の問題として、他の人々と力を合わせてそれを解決するように努力すれば、しぜんとほんとうの民主政治が行われるであろう。制度だけが民主主義的に完備しても、それを運用する人が民主主義の精神を自分のものにしていないようであれば、よい結果はけっして生まれてこない。教育の重要さは、まさにそこにある。

（文部省著『民主主義』角川ソフィア文庫、2018年、342〜343頁）

＊1948年10月および1949年8月に上下巻で刊行された、中学生高校生向けの教科書

1．8月31日の夜に

ＮＨＫ、Ｅテレに「ハートネットＴＶ　＃8月31日の夜に。」という番組があります。[1]ご存じでしょうか。２０１7年から始まって、今も続いています。２０１8年には、放送番組の国際コンクール、イタリア賞で「ウェブ・ノンフィクション賞」を受賞したとのこと。国際的に評価が高い番組なんですね。

初回放送は２０１7年8月31日。私も見ました。よく覚えています。

午後8時半に始まって、日付の変わる深夜、つまり9月１日の0時過ぎまで放送されました。「生きるのがつらい」という、ホントにつらそうな10代の声を紹介し、司会の中川翔子さんや栗原類さんなど、個性豊かな出演者がそれに応えました。出演者自身の体験談や救われた曲を紹介し、穏やかな笑顔で、前向きに生きる道を話し合っていました。実のある番組だなあと思いました。

夏休みが終わる日。

その深夜に、「死ぬほど学校がつらいなら、学校なんか行かなくていいよ」というメッセージをこの番組は発信していました。「みんな、生きていますか」という暗喩が番組全体を包んでいたことを記憶しています。

よく知られていることですが、18歳以下の子どもの自殺は、学校の長期休業明けに増加すると言われます。[2]文部科学省はこの時期、各学校に「自殺に注意してください」という通知を出します。

私が学校長を務めていた鳥取大学附属特別支援学校にも、この通知はやってきました。その書類を手にした私には、どんな気持ちでこれを受け止めろというのか、怒りにも似た感情がわき起こったものです。

文面には、次の助言がありました。

「長期休業の開始前からアンケート調査、教育相談等を実施し、悩みや困難を抱える児童生徒の早期発見に努めること。また、学級担任や養護教諭等を中心としたきめ細やかな健康観察や健康相談の実施等により、児童生徒の状況を的確に把握し、スクールカウンセラー等による支援を行うなど、心の健康問題に適切に対応すること[2)]」

もっともらしい助言が並びますが、子どもにとって、学校が死ぬほどつらい場所になっている。その問題の第一の当事者じゃないか。文部科学省は、何を、人ごとのように言っているんだと叫びたい気持ちでした。

「8月31日の夜に。」のＨＰには次のような書き込みがあります。（２０２１年の書き込みを参照）

「夏休み中、学校に行かなくてよかった間は体や心の調子が凄く良かった。朝も早く起きられたし、毎日がつらくなかった。それなのに、学校に行く日が近づいてくるにつれて、何故か泣き出してしまうようになってしまった。何故か怖い。苦しい。学校に行きたくない。のに、行かなきゃいけない。手も震えて、足が動かない。頭が痛くて、ぼうっとする。どうすればいいんだろう。（みおんさん、東京都、10代以下）」

「なんで自分なんか生きているのだろう。社会に出るといつも元気なふりをして自分の部屋に帰ると暗くなる。本当はずっとずっと『消えたい』『死にたい』そんな事ばかり考えていて、そういう時が一番楽だ。毎晩、『明日死のう』と思い、次の日の朝が来ると身体が重くてだるくて起きられない。もう外に出る元気もない。私は私が大嫌い。憎い。情けない。ごめんなさい……。（自分が嫌いさん、女性、三重県、10代以下）」

中川翔子さん、音楽家のヒャダインさんなどが、彼らなりの誠実な口調で、悩み多い若者に語りかけます。死んじゃだめだ。その思いを共有しようとしている。番組の雰囲気は穏やかで、明るすぎることなく、気持ちのよい暗闇に包まれていました。半ば夢心地の色彩でした。

何とも、胸に深く残る番組。この番組で救われる若者が確かにいるのだろうと思うし、そうであることを願います。しかし、その一方で、わが国唯一の公共放送が「学校なんか行かなくていいじゃないか」と呼びかけざるをえないこの現状。この国は、一体どうなっているんだと嘆息をついてしまいます。

障害児教育に長く携わった私は、戦後の障害児教育は「学校に行きたい」という、障害児本人、家族の願いに支えられた歴史だと学んできました。障害が重いことを理由に、就学猶予、就学免除という「合法的」な教育権侵害が続いた。障害のあるわが子が「アホがおる、アホがおる、アホー、あっちへ行け」とはやしたてられ、それを教育への願いとして受け止めなおし、教育権運動を育ててきた人々。障害の重い子どもこそ学校の宝だと、障害児学校設立に取り組んできた人々の歴史です。[3]

その歴史に価値を見いだす私たちにとって、現代日本教育、わけても、学校という存在は何なのか。学校に行くのが命がけだというこの社会を、私たちはどう理解し、向き合えばいいのか。その問いの前に、私たちは立っています。

2. PISA調査とは何か

学校に行くのが死ぬほど苦しい、という若者が多く存在する日本。しかし、一方で、わが国の子どもの学力は、国際的に極めて高い水準を維持しています。その対比は、まるでブラックジョークのようです。

PISA調査ということばをお聞きになったことがあろうかと思います。

OECD（経済協力開発機構）が進めている国際的な学習到達度調査です。PISA（Programme for International Student Assessment）。3年に1回実施されますが[4]、その結果が新聞のトップ記事になったり、論説委員が力こぶで解説したり、社会的な注目度は抜群です。

文部科学省のHPを見てみると、PISA調査は読解力、数学的リテラシー、科学的リテラシーの三分野で行われます。

数学的リテラシーは、様々な文脈の中で、対象を数学的に定式化し、数学を活用し、解釈する個人の能力とされます。それには、数学的に推論することや、数学的な概念・手順・事実・ツールを使って事象を記述し、説明し、予測することを含みます。この能力は、個人が現実世界において数学が果たす役割を認識したり、建設的で積極的、思慮深い市民に求められる、十分な根拠に基づく判断や意思決定をしたりする助けとなるものとされます。

科学的リテラシーは、思慮深い市民として、科学的な考えをもち、科学に関連する諸問題に関与する能力です。科学的リテラシーを身につけた人は、科学やテクノロジーに関する筋の通った議論に自ら進んで携わり、それには科学的能力として、「現象を科学的に説明する」「科学的探究を評価して計画する」「データと証拠を科学的に解釈する」を必要とします。

読解力は、自らの目標を達成し、自らの知識と可能性を発達させ、社会に参加するために、テキストを理解し、利用し、評価し、熟考し、これに取り組むことと説明されています。[5)]

まあ、ざっと、数学、理科、国語をイメージし、OECDはこの三分野の能力を重視しているとしておきましょう。リテラシーは英語でLiteracy、語源は「識字」から来ているとのことですから、科学的リテラシーとは、化学反応式を見て、その意味がわかるとか、感染症の報告記事を理解し、自分なりの意見を形成できるとか、環境問題について議論する能力があるとか、そういうことを意味します。数学もそれに倣って理解するとして、読解力は一般にイメージする国語力とか、入試問題の現代文とは少し違うようですが、それは後でもう一度、論じることにします。

調査は15歳児が対象。多くの国が義務教育の修了年齢に当たり、日本においては、調査は高等学校1年生を対象に行われます。義務教育において「落第」などがほとんどないわが国では、調査対象がほとんど高等学校1年に在籍しており、一学年だけで調査できる珍しい国とされています。なお、特別支援学校は調査対象に含まれていません。

直近のPISAの結果、2018年のものが最新です。文部科学省・国立教育政策研究所「OECD生徒の学習到達度調査2018年調査(PISA2018)のポイント」(2019年12月3日)(以下、「2018ポイント」)は次のように述べます。

「数学的リテラシー及び科学的リテラシーは、引き続き世界トップレベル。調査開始以降の長期トレンドとしても、安定的に世界トップレベルを維持しているとOECDが分析。」

「トップだ、トップだ」と喜びが隠せない表現です。

同文書のグラフを見ても、確かにトップクラス。数学的リテラシーはOECD加盟37か国中1位(統計学的に1位~3位は同じ)、科学的リテラシーは2位(統計学的に1位~3位は同じ)です。数学的リテラシーは調査が始まった2003年以降、ずっとトップグループ、科学的リテラシーも2006年以降、一貫して表彰台クラスです。どうなんだろうと疑いたくなる好成績です。

私は、教員免許更新講習の講師を務めたことが何回かありますが、そのときに、受講の先生方に聞いてみました。「PISAの調査で、日本の子どもの学力はどの位置にいると思いますか。」すると、トップクラスだと答える先生は少なく、平均か、それ以下と答える先生がけっこういらっしゃいます。ふだんから、今の子どもたちの学力について「もっと高みを目指せ」という叱咤が

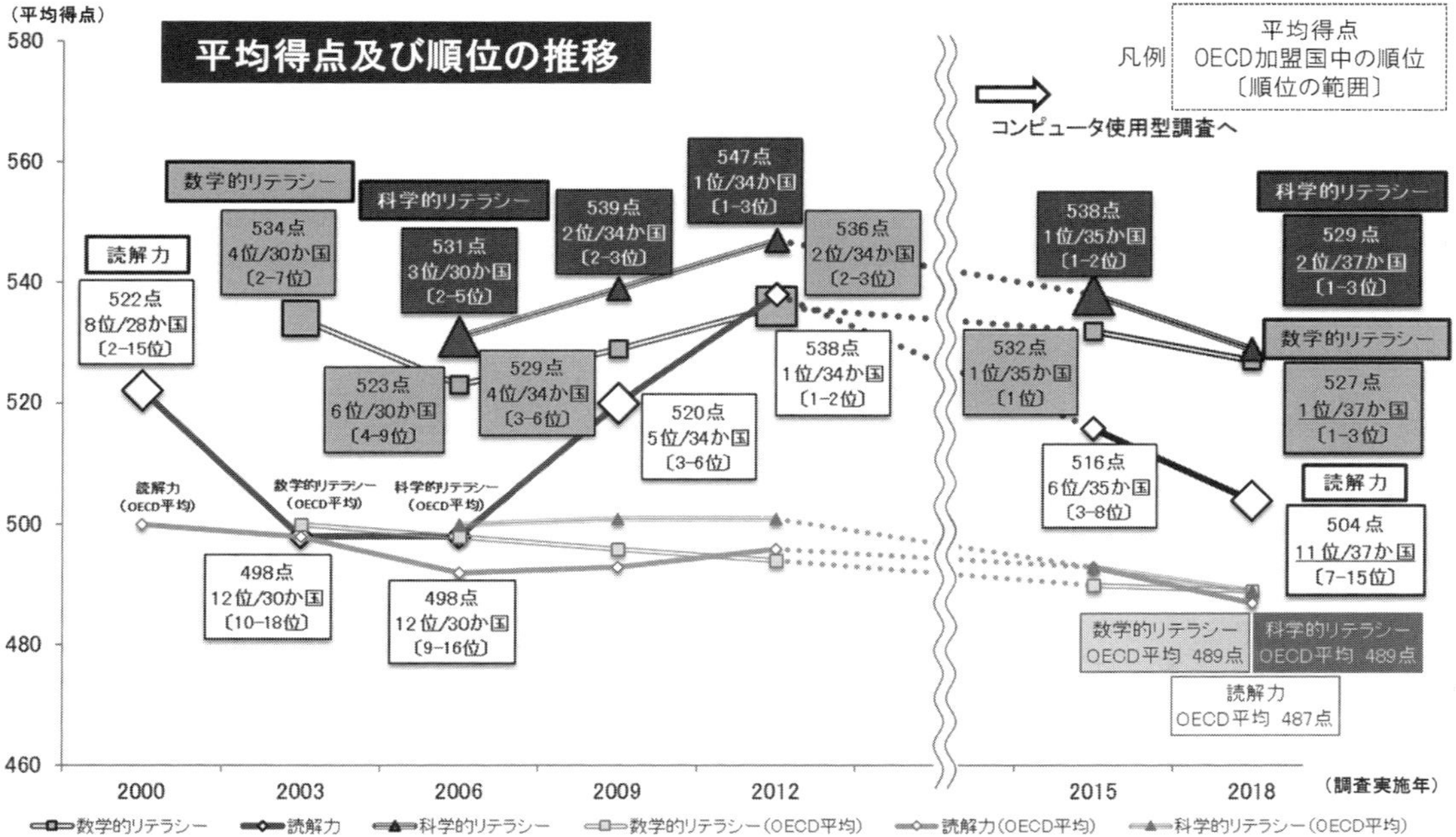

※各リテラシーが初めて中心分野（重点的に調査する分野）となった回（読解力は2000年、数学的リテラシーは2003年、科学的リテラシーは2006年）のOECD平均500点を基準値として、得点を換算。数学的リテラシー、科学的リテラシーは経年比較可能な調査回以降の結果を掲載。中心分野の年はマークを大きくしている。
※2015年調査はコンピュータ使用型調査への移行に伴い、尺度化・得点化の方法の変更等があったため、2012年と2015年の間には波線を表示している。
※順位の範囲とは、統計的に考えられる平均得点の上位及び下位の順位を示したもの。

図1「OECD 生徒の学習到達度調査2018年調査（PISA2018）のポイント」（文部科学省）https://www.nier.go.jp/kokusai/pisa/pdf/2018/01_point.pdf

行き届いているせいなのか、子どもの学力形成については、過小評価の傾向にあります。全国学力テストで過熱気味な地方教育行政のもとでは、目の前の子どもたちに満足することが許されない。そんな雰囲気が影響しているのでしょう。

いずれにしても、まず、私たちが知っておくべきことは、義務教育修了段階の日本の子どもたちの学力は「安心していい状態にある」ということです。これは、後ほど述べるように、いくつかの深刻な問題があり、それこそが論点になるべきですが、しかし、子どもたちをいたずらに競争に駆り立てなければならない危機は、PISAの結果からは読み取れないということです。

ある地方教育行政の審議会の席上で、若手の教育委員会主事が「全国平均より、わずかですが点数が低い。この状況をなんとしても改善したい」と熱く語っていました。私は「焦る気持ちはわからないでもないが、日本の子どもは国際的に見てもトップクラス。その平均点あたりにいるのなら、まず、それで満足しましょう」と発言しました。それには至って不服そうな反応でした。教育行政を担う人たちが落ち着きを失うとろくなことはありません。

3. 読解力は深刻な状態なのか

先の「2018ポイント」は数学的リテラシー、科学的リテラシーについては自慢そうに述べますが、読解力については悲観的です。

1. 2018年調査の結果

● OECD加盟国（37か国）における比較　　[破線枠]は日本の平均得点と統計的な有意差がない国

	読解力	平均得点	数学的リテラシー	平均得点	科学的リテラシー	平均得点
1	エストニア	523	日本	527	エストニア	530
2	カナダ	520	韓国	526	日本	529
3	フィンランド	520	エストニア	523	フィンランド	522
4	アイルランド	518	オランダ	519	韓国	519
5	韓国	514	ポーランド	516	カナダ	518
6	ポーランド	512	スイス	515	ポーランド	511
7	スウェーデン	506	カナダ	512	ニュージーランド	508
8	ニュージーランド	506	デンマーク	509	スロベニア	507
9	アメリカ	505	スロベニア	509	イギリス	505
10	イギリス	504	ベルギー	508	オランダ	503
11	日本	504	フィンランド	507	ドイツ	503
12	オーストラリア	503	スウェーデン	502	オーストラリア	503
13	デンマーク	501	イギリス	502	アメリカ	502
14	ノルウェー	499	ノルウェー	501	スウェーデン	499
15	ドイツ	498	ドイツ	500	ベルギー	499
16	スロベニア	495	アイルランド	500	チェコ	497
17	ベルギー	493	チェコ	499	アイルランド	496
18	フランス	493	オーストリア	499	スイス	495
19	ポルトガル	492	ラトビア	496	フランス	493
20	チェコ	490	フランス	495	デンマーク	493
	OECD平均	487	OECD平均	489	OECD平均	489
	信頼区間※(日本):499-509		信頼区間(日本):522-532		信頼区間(日本):524-534	

図2「OECD 生徒の学習到達度調査2018年調査（PISA2018）のポイント」（文部科学省）https://www.nier.go.jp/kokusai/pisa/pdf/2018/01_point.pdf

「読解力は、OECD平均より高得点のグループに位置するが、前回より平均得点・順位が統計的に有意に低下。長期トレンドとしては、統計的に有意な変化が見られない「平坦」タイプとOECDが分析」

統計的には有意な変化が見られないとしつつ、平均得点・順位の低下がメッチャ気になって仕方ないという書きぶりです。しかし、読解力の同じグループには、スウェーデン、ニュージーランド、アメリカ、イギリス、オーストラリア、デンマーク、ノルウェー、ドイツがあり、いい仲間になりそうに思うのですが、どうもそれでは不満らしい。表彰台に上がらなくては名折れなのでしょうか。

「じゃあ、読解力を高めるために、子どもたちに楽しい本をいっぱい読んでもらわなくちゃ」という文脈が続くかと思いきや、そうでもない。

同文書は続けます。

「読解力の問題で、日本の生徒の正答率が比較的低かった問題には、テキストから情報を探し出す問題や、テキストの質と信ぴょう性を評価する問題などがあった。読解力の自由記述形式の問題において、自分の考えを他者に伝わるように根拠を示して説明することに、引き続き、課題がある」

読解力という用語から想像して考えていると、今回の調査の矛先が見えてきません。一体、どんな能力を問うつもりなのか。

ある大学教授のブログ

5月23日　午前11時22分投稿

今朝窓の外を見ると、今では大好きになったラパヌイ島（地域によってはイースター島として知られている）の景色が目の前に広がります。草原や低木の緑と青い空、そして遠くには古い死火山がそびえています。

今週でこの島での滞在が終わると思うと、少しさみしい気持ちになります。私はすでにフィールドワークを終え、間もなく家に帰ります。今日の午後は丘へ散歩に出て、この九か月間調査してきたモアイ像とお別れをしようと思います。これは、その巨大な像の一部を撮った写真です。

今年ずっと私のブログを読んでくださっている方なら、これらのモアイ像はラパヌイ族の人々が数百年前に彫ったものだということを、すでにご存じでしょう。この素晴らしいモアイ像は、島の東部に一つだけある石切り場で彫られた物です。中には重さが数十トンにもなる像もありますが、ラパヌイ族の人々はクレーンや重機なしに、これらを石切り場から遠く離れた場所に運んでいたのです。

図3「読解力問題例2018年」
（文部科学省）
https://www.nier.go.jp/kokusai/pisa/pdf/2018/04_example.pdf

2018年のPISAは読解力が調査の中心分野とされていたので、ことのほか、力が入っています。問題文が公開されていますので、ぜひ一度、試してください[6]。

大学の研究者が太平洋のラパヌイ島で調査研究した、そのブログが題材となっています（ラパヌイ島というのはイースター島のことですが、現地語でラパヌイ島）。設問は、教授のブログを読んで「フィールドワークを始めたのはいつか」を問いますが、それは「情報を探し出す」力を見ているそうです。

教授の文章を正確に理解させる設問もありますが、焦眉は「評価し、熟考する」というプロセスです。有名なモアイ像の製作方法と、その後、島の文明が崩壊する過程についての議論が続き、関連するジャレド・ダイアモンドの『文明崩壊』の書評を読ませます。そして、その一つひとつの文が「事実」なのか「意見」なのか、腑分けをする作業が待っているのです。

これがけっこう難しくて、油断のならない「習熟度レベル5」です。

この他にも、ラパヌイ島の巨木が消滅した諸説を検討させ、その異同を問う（習熟度レベル5）、主張の論拠を探し出し、「評価し、熟考する」（レベル4）など、問7まで、かなりの神経戦が続きます。

問題を解いてみてわかるのは、PISAの読解力は「高等ビジネス国語」なのだということです。

ここで問われる能力が学力の一部であることを、私は否定しません。ジャレド・ダイアモンドの著作はおもしろいし、インターネットから情報を得ることが、これからの社会を生きていく若者にとってどれだけ大事なものか、老齢の私であっても大きくうなずくものではあります。

しかし、数学、科学に並列して問われている読解力が、このような独自の偏りをもったものであることに、私は失望を隠せません。

文芸作品を読み、鑑賞し、人間の本質について洞察する。社会や人の生き方について考え、日常生活への失望を癒やし、希望を誕生させる。原始的な感情がわき起こる瞬間を経験し、芸術や信仰について思索する。

厳しい競争試験につながる学校教育に、そんなロマンチックなものを求めるべきではないとＰＩＳＡは言うのでしょうか。しかし、ＰＩＳＡの資質・能力観の中に、人生を支えるだけの価値が本当に存在するのか。ここに来て、疑問にとらわれるのです。

２０１７年、２０１８年、２０１９年改訂の学習指導要領は、このＰＩＳＡ調査の影響を強く受けたものです。大学入試改革のすったもんだもＰＩＳＡの資質・能力観を背景としています。特に高等学校国語の学習指導要領改訂は、ＰＩＳＡの読解力の影響を受けており、一種の戯画となっています。戯画的変貌のあおりで大学入試も大きく変貌しようとしていることを、受験産業は早くから察知していました。

河合塾のＨＰを見ると、この問題について率直に言い切っています。[7]（傍線、三木）

今回の改訂のポイントである〈実社会〉という点は、国語という教科のあり方に大きな変化をもたらすと考えられる。たとえば、履修科目選択については、大学進学者の多い高等学校では、現行課程で「国語総合」「現代文B」「古典B」（標準単位数12単位）を履修していたのが、新課程でも同じ12単位であるならば「現代の国語」「言語文化」「論理国語」「古典探究」という組み合わせになることが予想される。この場合、現行の「現代文A」「現代文B」が〈実社会〉に特化した「論理国語」と〈言語文化〉に特化した「文学国語」に再編されたため、「論理国語」を選択すると、従来に比べて、論理的な文章のみならず、報道や広報の文章や報告書、企画書、法令文など実用的な文章を教材として扱う機会が増え、小説などの文学作品を扱う機会が減少することになるだろう。もちろん、こうした変化を避けるために、16単位にはなるが「文学国語」を加えることも検討できるだろう。

「国語という教科は大きく変わるぞ。大切なのは実社会なのだ。太宰治を読んで人生に絶望している場合じゃない。報道、広報の文章を読め。企画書、法令文を教材にしろ。でないと、大学受験の準備はできないぞ。それでも文学をやりたいというなら、どうぞ、ご自由に。単位が増えますけど……」という話なのです。

必履修科目である「現代の国語」では、主張と論拠などの「情報と情報との関係」と、推論の仕方や情報の妥当性を吟味する仕方を理解するなどの「情報の整理」とに分けられており、選択科目である「論理国語」では、その二つの系統がそれぞれ複雑化・高度化したものとなっている。こうした情報の扱い方に関する〈知識及び技能〉を指導し、評価するには、従来とは異なる新しい教材や指導方法、試験のあり方を工夫する必要が生じるだろう。

主張と論拠、推論の仕方や情報の妥当性など、PISAの読解力で日本の子どもが苦手とされたことが、これからの大学受験では問われる、準備しなくちゃ、と率直な指南が続きます。

教育の世界でよく言われるのは、「教育を変えたければ、大学入試を変えればいい。あとは、みんなそれに従ってくる」という論理ですが、本当に事態はそう動いています。

青年期教育を担う高等学校。そこに通う若者が、商社の企画書を読み、インターネットで情報の信憑性を調査する。ホントにそれで、「人格の完成を目指し、平和で民主的な国家及び社会の

2. 読解力について

日本の読解力の結果概要

◆読解力の平均得点(504点)は、OECD平均より高得点のグループに位置しているが、前回2015年調査(516 点)から有意に低下。OECD加盟国中11位(順位の範囲：7-15位)。

◆習熟度レベル1以下の低得点層が有意に増加しており、OECD平均も同様の傾向。

※習熟度レベルは、高いレベルほど高得点であり、その分野の能力を十分に身に付けていることを示す。
なお、習熟度レベル6以上は、2009年以降で計測しており、2006年以前はレベル5に含まれている。
※グラフの●は、OECD平均の割合を示す。

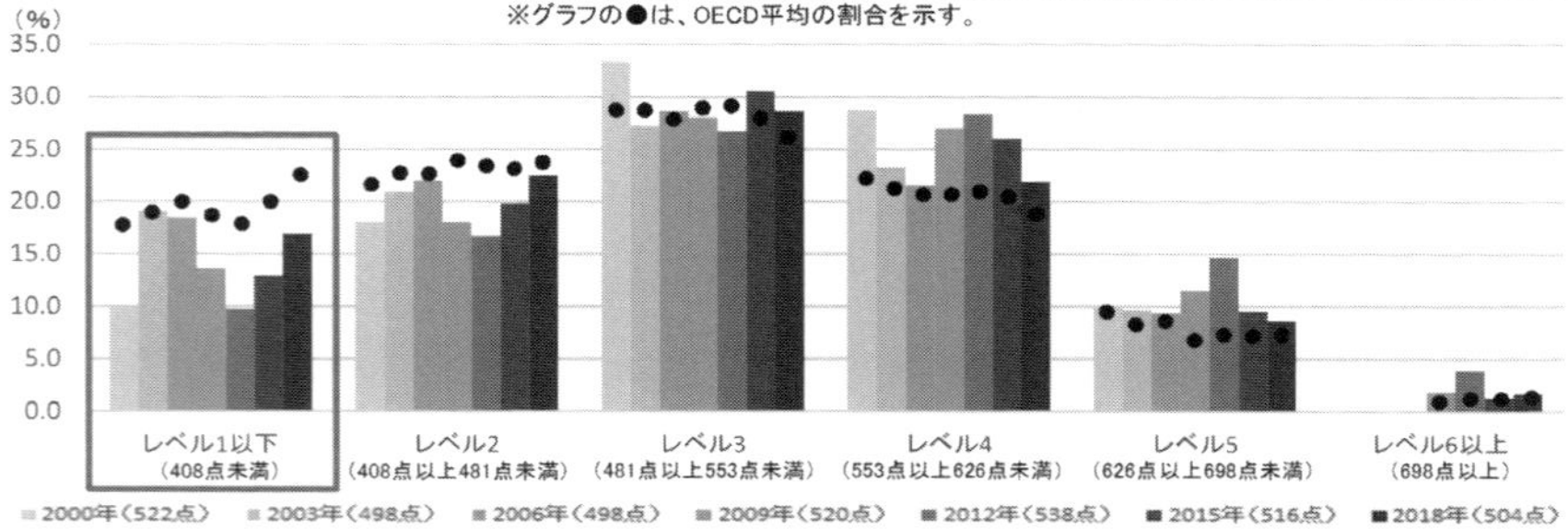

※( )内は日本の読解力の平均得点

各国・地域の平均得点の長期トレンド

◆ 平均得点の2000年～2018年の長期トレンドに関するOECDの分析によると、日本の読解力は、平均得点のトレンドに統計的に有意な変化がない国・地域に分類され、そのうち「平坦」タイプに該当。

図4「OECD 生徒の学習到達度調査2018年調査（PISA2018）のポイント」（文部科学省）https://www.nier.go.jp/kokusai/pisa/pdf/2018/01_point.pdf

形成者として必要な資質を備えた心身ともに健康な国民の育成」を目指すという教育の目的が果たせるのでしょうか。

4. 日本の子どもの学力、ホントの問題点

読解力が平均得点・順位ともに、統計的に有意に低下していると文部科学省は嘆きます。

低下の要因として、「生徒側（関心・意欲、自由記述の解答状況、課題文の内容に関する既存知識・経験、コンピュータ画面上での長文読解の慣れ等）、問題側（構成、テーマ、テキストの種類、翻訳の影響等）に関する事項などの様々な要因が複合的に影響している可能性がある」としています。

特に着目しているのが、2015年調査以降、コンピュータ使用型調査に移行した影響です。デジタルテキストを踏まえた設計となったことで、コンピュータに不慣れな日本の子どもたちが不利になっている、という認識です。

そういえば、「2018ポイント」（10頁）には「日本は学校の授業（国語、数学、理科）におけるデジタル機器の利用時間が短く、OECD加盟国中最下位。『利用しない』と答えた生徒の割合は約80％に及び、OECD加盟国中で最も多い」としています。

日本の子どもに、もっともっとICTを提供しなくちゃ。

GIGAスクール構想を大急ぎで進めている背景にはこの危機感が働いています。

学校で子どもたちがパソコンやタブレットを使えるようにする。一人に一端末を提供する。ちょうど、学習指導要領改訂もあるし、ハード面をどんどん進めなくちゃ。そうそう、ハードだけでなくて、この際、デジタル教科書、AIドリルなどのソフト開発もやっちゃおう。民間人材もどんどん入れちゃおう。学校のベテラン教師は、この分野、苦手だし。

そういう流れが勢いを増し、新型コロナ感染症の社会的危機と合流。オンライン授業への関心が急激に高まり、補正予算を気前よく使って、一気に環境整備が進められました。

読解力を前提とした大学入試の改革、ICTの大幅前進。日本の教育政策は、この方向を目指して進んでいます。

本当にそれでいいのか。問題は他にあるのではないか。

まず、学力の格差。私は、これこそ、重要な課題だと思っています。「2018ポイント」(3頁)でも、読解力の「習熟度レベル1以下の低得点層が有意に増加しています。2012年調査では、習熟度レベル1以下の割合が、経年的に減ってきたとされ、学力格差が解消に向かっているかの印象を与えていましたが、ここに来て、再び、読解力の学力格差が顕在化しています。OECDも同じ傾向だとしていますが、全世界的に学力格差が再燃しており、日本はその枠外にあるとは言えないのです。

数学的リテラシー、科学的リテラシーについては、ともに「レベル1以下の低得点層が少なく、

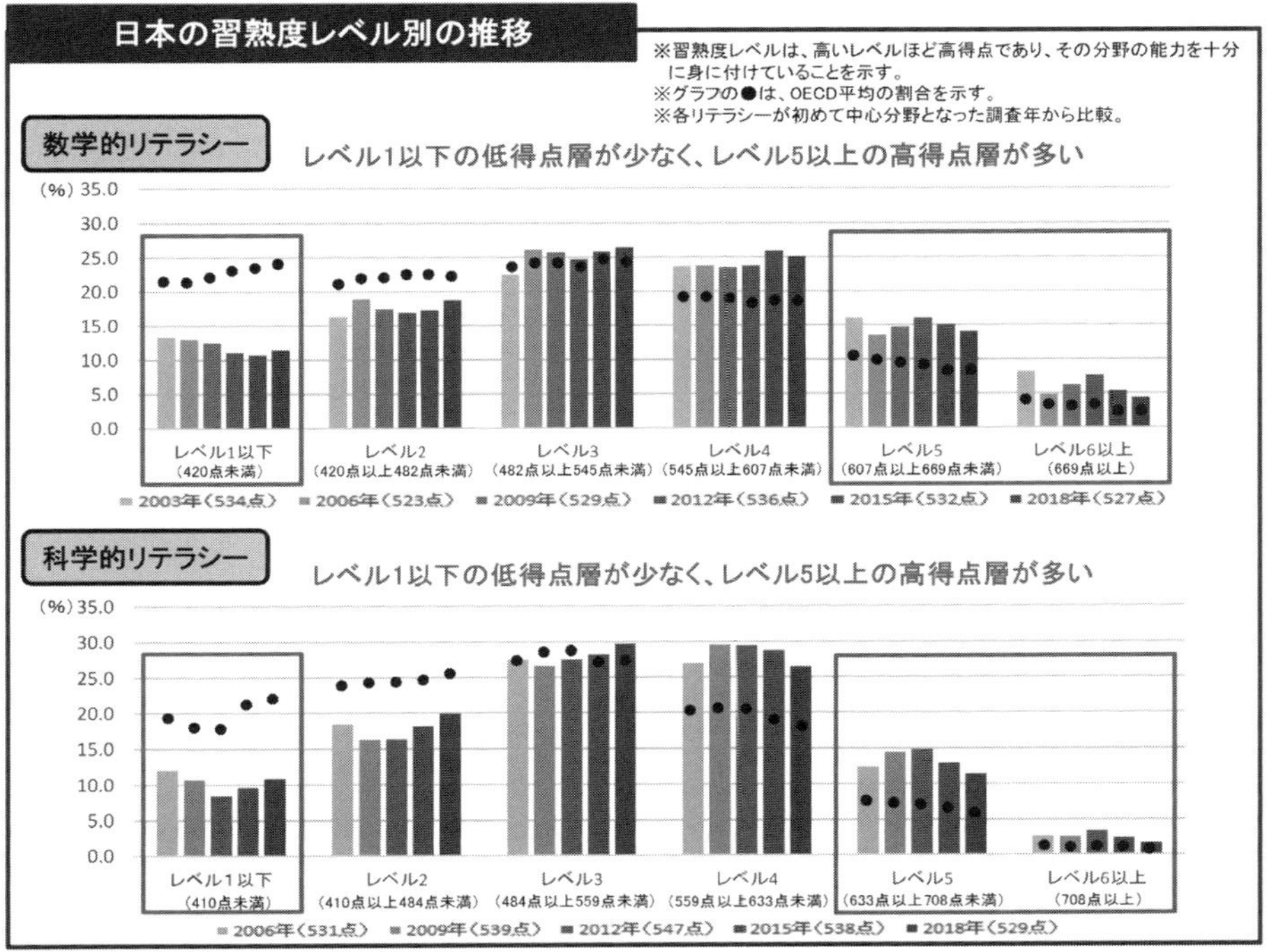

図5「OECD 生徒の学習到達度調査2018年調査（PISA2018）のポイント」（文部科学省）https://www.nier.go.jp/kokusai/pisa/pdf/2018/01_point.pdf

レベル5以上の高得点層が多い」と評価しています。確かに、レベル1以下の子どもはOECD平均に比べかなり少ない位置にありますが、しかし、経年的に増加傾向にあります。

文部科学省や国立教育政策研究所は、この学力格差の再燃について、GIGAスクール構想ほどには関心を寄せてはいませんが、「日本、OECD平均ともに、ESCS（社会経済文化的背景、Economic, Social and Cultural Status）が高い水準ほど習熟度レベルが高い生徒の割合が多く、ESCSが低い水準ほど習熟度レベルが低い生徒の割合が多い」（「2018ポイント」8頁）という事実をどう見るのか。

保護者の学歴や家庭の所有物に関する質問項目から、経済的文化的水準を4群に分けているのですが、その高低がPISAの得点にダイレクトな影響を与えているというのです。

近代の民主主義は、すべての子どもに教育への権利を保障することによって、「人種、信条、性別、社会的身分、経済的地位又は門地によって、教育上差別されない」（教育基本法第4条）、そして、公平な社会参加が実現すると期待していたはずです。しかし、どの調査研究を見ても、それが順調に進んではいないことが報告されています。生まれた環境が学力形成に決定的に作用し、その後の人生を左右するのです。

「上級学校への進学は、父学歴、父職、財所有などの家庭の社会経済的要因によって、世代にかかわらず、一貫して影響を受けてきた。また進学には高い成績を取ることが必須条件であり、そ

（3）学習時間と学力の関係

- 家庭の社会経済的背景（SES）が低いからといって、必ずしも全ての子供の学力が低いわけではない。
- 子供の学習時間は、全ての家庭の社会経済的背景（SES）で学力との関係が見られ、学習時間は不利な環境を克服する手段の一つと考えられる。（しかし、学習時間のみで見ると、平均として離れたSESグループの平均正答率を越えるのは難しい面も見られる。）

平成25年度の調査

図　平日の勉強時間と教科の平均正答率の関係の例
＜小学校・国語A＞

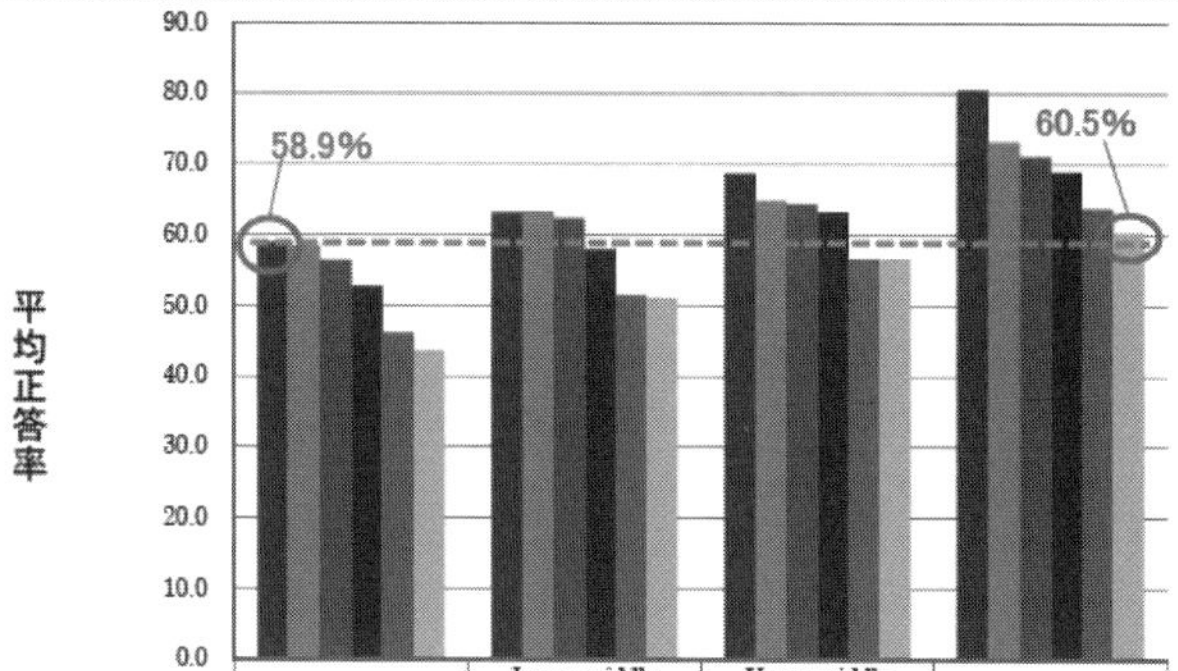

	Lowest SES	Lower middle SES	Upper middle SES	Highest SES
■3時間以上	58.9	63.2	68.7	80.6
■2時間以上、3時間より少ない	58.5	63.3	64.8	73.2
■1時間以上、2時間より少ない	56.4	62.5	64.5	71.1
■30分以上、1時間より少ない	52.8	58.0	63.3	68.9
■30分より少ない	46.2	51.6	56.7	63.8
■全くしない	43.7	51.2	56.7	60.5

図6　2019年12月4日、中央教育審議会初等中等教育分科会教育課程部会資料、青山学院大学、耳塚寛明

の影響の強さに大きな変化は見られなかった。特に大学以上の進学には、上位の成績を獲得していることが重要であり、18歳人口の減少期に入ったからといって、成績下位層の大学進学が容易になったというような証拠は見いだせなかった。[8]」

障害と貧困が密接な関係にあることを知る私たちには、この知見は切ないものです。

他にも同様の報告がありますが、例えば、2019年12月4日の中央教育審議会初等中等教育分科会教育課程部会に提出された、青山学院大学の

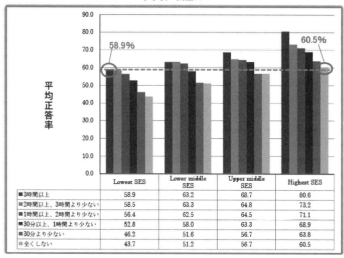

耳塚寛明教授の資料。

社会経済的背景が低くても、学習時間が増えれば、学力が低いとは限らないとしながらも、社会経済的背景の一番低いグループで、平日、「3時間以上」学習している子どもの正答率が58・9％であり、社会経済的背景の一番高いグループで「まったくしない」子どもたちの60・5％の正答率にわずかに及ばないと指摘しています。

これは、あくまでグループの平均であって、社会経済的に低位にある子どものすべてが学力において劣っているとは言えません。優秀な者もいるはずです。しかし、私たちのすぐそばに、こういった社会矛盾が存在することを見過ごすわけにはいかないでしょう。

「2018ポイント」は「日本は、OECD加盟国内で、社会経済文化的水準の生徒間の差が最も小さく、社会経済文化的水準が生徒の得点に影響を及ぼす度合いが低い国の1つであり、調査開始から引き続き、2018年調査においても同様の傾向が見られる」として、この問題への注目を和らげようとしています。しかし、国際的にはもっと大変な国があることを理由に、社会経済文化的水準の問題を軽視することは不当です。少なくともGIGAスクール構想に匹敵するぐらいの具体的施策を検討すべきでしょう。

5.「病める学力」

中内敏夫さん（教育学者）が1983年に『学力とは何か』（岩波書店）という本を書いておられます。この他にもたくさんの著作がある方ですが、この本に「病める学力」ということばが出てきます。

中内さんは「数学平均成績の高い日本では数学を固定的かつ難しいものと考えるのに対して、数学平均成績の低いアメリカでは数学を発展的かつ易しいものと考えている」という調査結果を紹介しています（67〜68頁）。また、学習成績のよい日本の生徒が、数年経つと、習得していたはずの学力が「剥げ落ちる」ことも多いといいます。「学力の剥落」とも表現されています。「日本の子どもの学力は世界一だと言われるが、ほんとうだろうか。

日本の子どもの学力は高い。しかし、それは簡単に鵜呑みにできない問題をはらんでいるのです。PISA調査でも、同じような問題が指摘されてきました。「OECD生徒の学習到達度調査―PISA2012年調査国際結果の要約」（以下、2012年要約）では、「①数学における興味・関心や楽しみ、②数学における道具的動機付け、③数学における自己効力感、④数学における自己概念、⑤数学に対する不安、の5つの要因に関する質問をした。日本の生徒の肯定的な回答の割合はOECD平均よりも少なく、（OECD以外を含む）65か国中でも少ない」らしい。このとき、日本の子どもは、数学的リテラシーが34か国中2位というトップクラスでしたが、数学への興味が弱く、数学が役に立つとも思えず、数学が好きとも言えず、できるとも思えず、不安が強い。そういう特徴がありました。

「2012年要約」では、「2003年との比較では『数学における興味・関心や楽しみ』に関する全4項目、『数学における道具的動機付け』に関する全4項目、『数学における自己効力感』に関する全8項目中6項目で、肯定的な回答の割合が増え、統計的有意差がある」とし、改善傾向にあると弁明しますが、低位にあるという事実はそのままです。

続く、2015年調査「OECD生徒の学習到達度調査（PISA2015）のポイント」でも同じ指摘です。生徒質問調査において、「科学の楽しさ」「理科学習に対する道具的な動機付け」「理科学習者としての自己効力感」「科学に関連する活動」の4つの観点については、OECD平均を下回っています。「『理科学習に対する道具的な動機付け』指標などにおいて肯定的な回答をする生徒の割合が増加している」と改善をアピールしていますが、図に見るとおり、OECD平均と比べて、「科学の楽しさ」指標は深刻な状態を脱しているとは言えません。

この「楽しさ指標」が日本の子どもにおいて低位なのは、実はずっと以前から言われていたことで、国際学力調査「国際数学・理科教育動向調査」（TIMSS）でも、半ば日本の伝統であるかのように指摘されてきました。

勉強はできるけど、おもしろくない。
役にも立たないし、やる気も起きない。
高得点グループでもその傾向は明らかで、低得点グループになればなるほど、より強くなる。

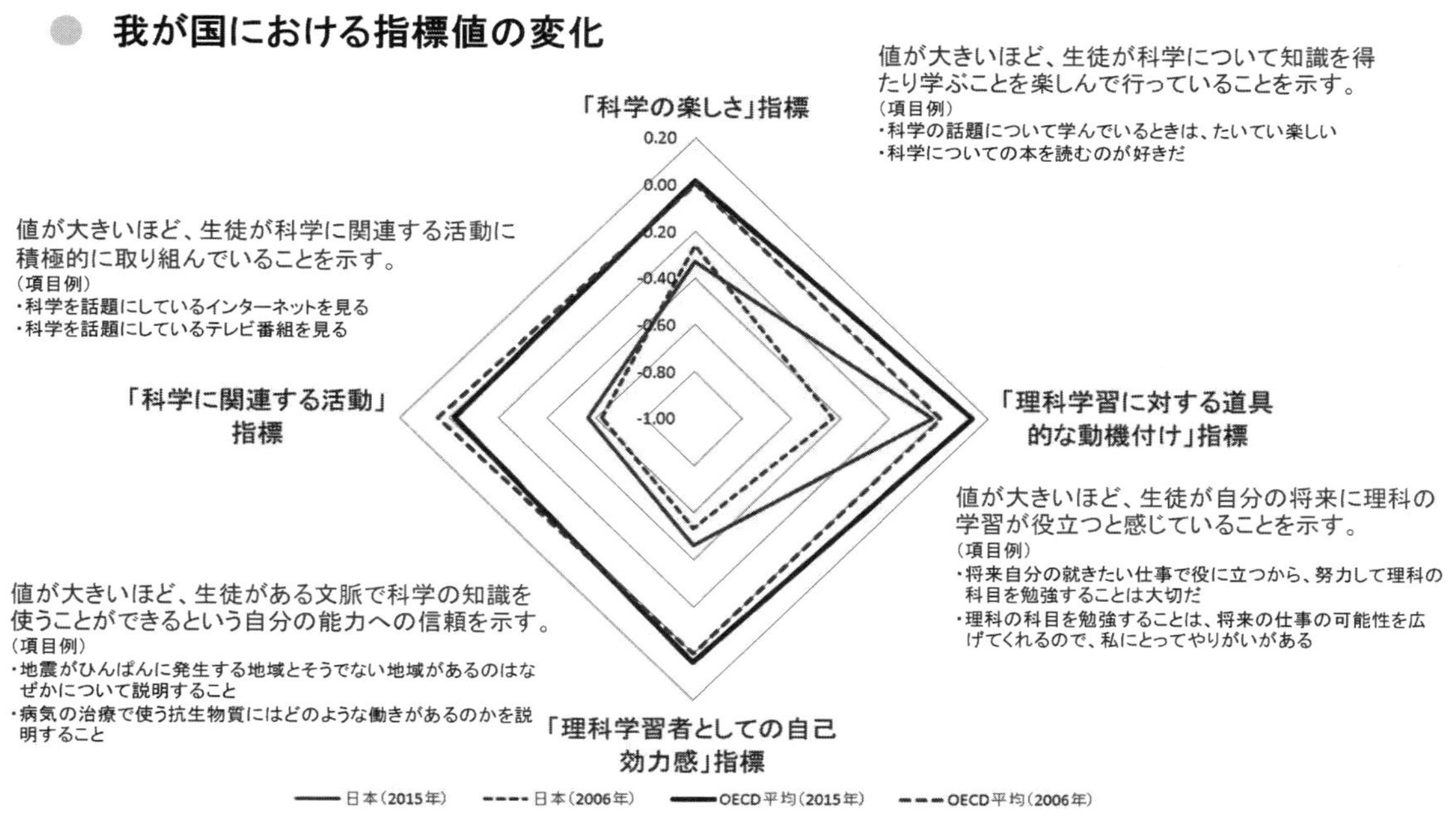
我が国における指標値の変化
「科学の楽しさ」指標
値が大きいほど、生徒が科学について知識を得たり学ぶことを楽しんで行っていることを示す。
（項目例）
・科学の話題について学んでいるときは、たいてい楽しい
・科学についての本を読むのが好きだ
値が大きいほど、生徒が科学に関連する活動に積極的に取り組んでいることを示す。
（項目例）
・科学を話題にしているインターネットを見る
・科学を話題にしているテレビ番組を見る
「科学に関連する活動」指標
「理科学習に対する道具的な動機付け」指標
値が大きいほど、生徒が自分の将来に理科の学習が役立つと感じていることを示す。
（項目例）
・将来自分の就きたい仕事で役に立つから、努力して理科の科目を勉強することは大切だ
・理科の科目を勉強することは、将来の仕事の可能性を広げてくれるので、私にとってやりがいがある
値が大きいほど、生徒がある文脈で科学の知識を使うことができるという自分の能力への信頼を示す。

（項目例）
・地震がひんぱんに発生する地域とそうでない地域があるのはなぜかについて説明すること
・病気の治療で使う抗生物質にはどのような働きがあるのかを説明すること
「理科学習者としての自己効力感」指標
0.20
0.00
-0.20
-0.40
-0.60
-0.80
-1.00
日本（2015年）
日本（2006年）
OECD平均（2015年）
OECD平均（2006年）

図7「OECD生徒の学習到達度調査（PISA2015）のポイント」
（文部科学省）https://www.nier.go.jp/kokusai/pisa/pdf/2015/01_point.pdf

社会経済文化的背景と学力との関係は正の相関をなしており、生まれた階層によって学力は左右され、人生に影響を与える。

日本の子どもの学力は「病める学力」そのものです。

6. 現代社会を生き抜くための生存競争

子どもの権利条約を締約している国家は、国連の子どもの権利委員会に定期的に報告をあげ、委員会は政府報告と非政府組織の報告を踏まえて勧告を行います。日本も加盟国の一つです。その勧告で日本はどのように言われているでしょうか。まず、2010年の総括所見を見てみましょう。[9]（傍線、三木）

「国連・子どもの権利委員会の勧告：教育一般関連（日本）第3回総括所見（2010年）教育（職業訓練および職業指導を含む）

70. 委員会は、日本の学校制度によって学業面で例外的なほど優秀な成果が達成されてきたことを認めるが、学校および大学への入学を求めて競争する子どもの人数が減少しているにも関わらず過度の競争に関する苦情の声があがり続けていることに、懸念とともに留意する。委員会はまた、このような高度に競争的な学校環境が就学年齢層の子どものいじめ、精神障害、不登校、中途退学および自殺を助長している可能性があることも、懸念する。

１．委員会は、学業面での優秀な成果と子ども中心の能力促進とを結合させ、かつ、極端に競争的な環境によって引き起こされる悪影響を回避する目的で、締約国が学校制度および大学教育制度を再検討するよう勧告する。これとの関連で、締約国は、教育の目的に関する委員会の一般的意見１号（２００１年）を考慮するよう奨励される。委員会はまた、締約国が、子ども同士のいじめと闘う努力を強化し、かつそのような措置の策定に子どもたちの意見を取り入れるよう勧告する。」

国連・子どもの権利委員会から見れば、「日本は確かにメッチャよく勉強できます。びっくりするほどです。でも、競争が激しくてたまらない、どうにかしてほしいという声がずっと聞こえますよ。いじめや精神障害、不登校、中途退学、自殺も、こういった競争的な学校環境が影響しているんじゃないですか」ということです。

さらに、２０１９年に出された「第4回・第5回総括所見」では、第3回総括所見を踏まえた上で、さらに「39（b）ストレスの多い学校環境（過度に競争的なシステムを含む）から子どもを解放するための措置を強化すること」などが勧告されています。

本来、子どもの学力をどう育てるのかという課題は、子どもの人権をどう保障するのか、という文脈で語られるべきです。それがどうやら、競争社会を生き抜くための武器として、むしろ、子どもの人権を侵害するものとして機能している。その疑いが強くなってきました。

7.「人間性」を教育目標に置く。それってだいじょうぶか

かつて、私が鳥取大学に勤めていたとき、大学院のゼミで、若い男性院生と次のようなやりとりがありました。

「先生は、ゼミでは自由に発言しなさい、思ったことを遠慮なく言いなさいとおっしゃいますが、私は何となく怖いのです。

高校生の時、私は体育が苦手で、少しでも先生の印象を良くしようと思って、サッカーの授業の準備とか後片付けとか、熱心にやりました。準備運動もまじめにやりました。すると、それが認められて5段階評価の3をもらったんです。でも、サッカーが得意だった友人は2でした。態度が悪かったんです。

でも、おかしいですよね。体育の授業でサッカーをやっているんだから、サッカーの能力で評価すべきでしょ。なのに、態度が影響する。これは怖いと思いました。成績は大学進学にも影響するし、先生の機嫌を損ねたら大変なことになる。そのときからです。自由に発言しなくなったのは」

そうそう、そういうことも発言してくれたらいいんだ、と促す私に、そういう言い方が「引っかけ」なんだと苦笑いしていました。

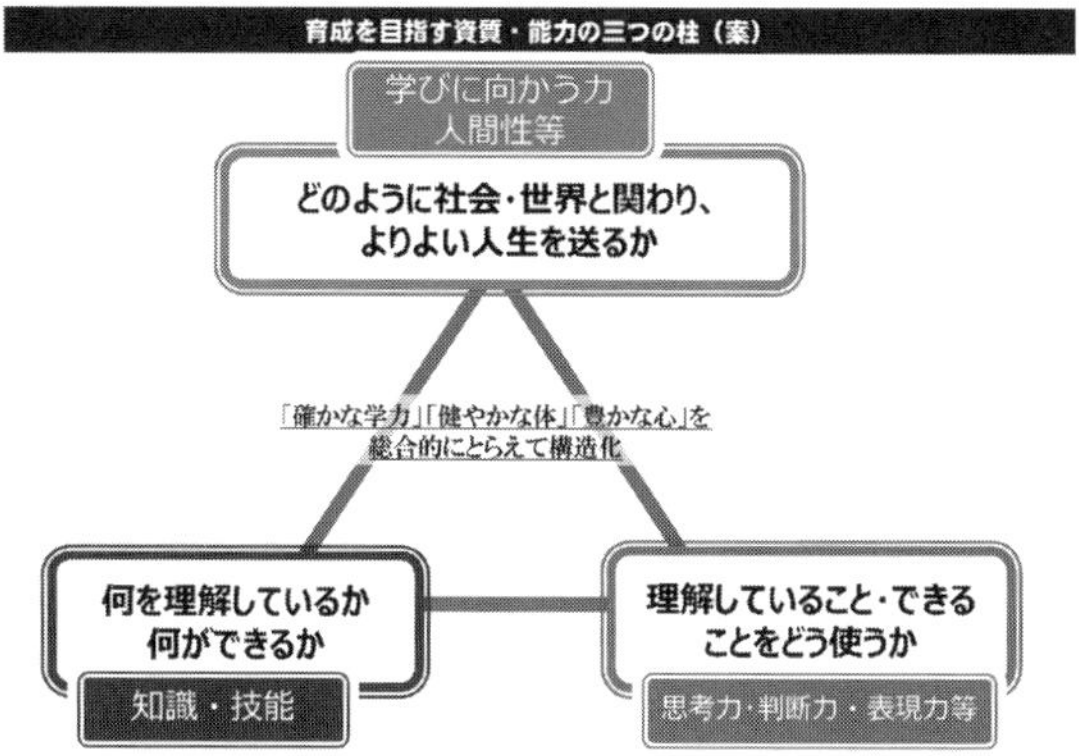

図8　幼稚園、小学校、中学校、高等学校及び特別支援学校の学習指導要領等の改善及び必要な方策等について（中央教育審議会答申）平成28年12月21日、補足資料（文部科学省）https://www.mext.go.jp/component/b_menu/shingi/toushin/__icsFiles/afieldfile/2017/01/20/1380902_4_1_1.pdf

彼は、現在、特別支援学校教諭です。採用試験に何度も挑戦し、やっと得た仕事に取り組んでいますが、彼の言ったことは重く受け止めています。

今回の学習指導要領改訂では、特に、教育目標として「学びに向かう力、人間性等」「どのように社会・世界と関わり、よりよい人生を送るか」が掲げられています。

日本の教育では伝統的に、人格的側面を重視する教育が行われてきました。

「教育にはいろいろの種類の活動が含まれるが、一般的には、全体的な人格の形成をめざす陶冶と、必要とされる知識・技術の教授とにわかつことができる」と解説するのは岩波小辞典「教育」[10]です。一般的に、人格を育てることを否定する教育論はありません。

ただ、ここからが少しややこしいのですが、堀尾輝久さんは、子どもの権利について、古い世代を乗り越える「新しい世代の権利」が大切だといい、フランス革命期のコンドルセの教育論を引きながら、次のように述べます[11]。

「科学を中心とするインストラクション（教授・学習）こそが中心になるべきであり、それまでのいわゆる宗教に支配された宗教＝道徳教育は、公教育から排除されなければならない、宗教の問題は一人ひとりの内面の自由に属する問題で、これは公教育で扱うべき問題ではないと言っています。これは、今日の私たちの公教育の原理にそのままつながってくるものです。教育の政治的な自立性、教育の自由と独立、そして公教育は科学を軸にしなければならないという意味での教育における世俗主義、宗教教育の排除といった原理が、コンドルセによって提示されたわけです。そして彼はそれらの思想を支えているものとして、古い世代を乗り越える『新しい世代の権利』と表現しています。」

教育は子どもの人格的発達を重視する。しかし、それは時の政権が評価するものではない。ましてや、文部行政に無条件に委ねられているわけではない。

ＰＩＳＡで好成績をあげる日本の子ども。でも、勉強が楽しくないと答える子ども。家庭環境が成績に大きく影響を与えている競争社会。今回の学習指導要領改訂は、その上に、「人間性」を教育の目標に掲げています。この資質・能力観、そして、求められる「人間性」とはどのようなものなのか。油断ならない検討課題が、そこにはあります。

注

1)ＮＨＫのＨＰには、若い人たちの苦痛の書き込みがいっぱい掲載されています。

2)児童生徒の自殺予防について（通知）、２０２１年3月1日　文部科学省初等中等教育局児童生徒課長　江口有隣

3)川島浩、青木嗣夫『写真集　ぼくらはみんな生きている　与謝の海養護学校の実践』あゆみ出版、１９７８年、１７８〜１７９頁

4)文部科学省　国立教育政策研究所　https://www.nier.go.jp/kokusai/pisa/index.html　２０２１年に実施予定だったものが、新型コロナ感染症の影響で２０２２年に延期されている。

5)文部科学省「ＯＥＣＤ生徒の学習到達度調査２０２２年調査パンフレット」を参考にした。https://www.nier.go.jp/kokusai/pisa/pdf/2022/01_point.pdf

6)読解力問題例２０１８年　https://www.nier.go.jp/kokusai/pisa/pdf/2018/04_example.pdf

7)河合塾、高等学校学習指導要領分析、国語　https://www.kawai-juku.ac.jp/highschool/analysis/japanese/

8)中澤渉「大学進学率の上昇とメリトクラシー」中村高康、平沢和司、荒牧草平、中澤渉編『教育と社会階層―ＥＳＳＭ全国調査からみた学歴・学校・格差』東京大学出版会、２０１８年、１００〜１０１頁

9)姉崎洋一、荒牧重人、小川正人、喜多明人、清水敏、廣澤明、元兼正浩『解説　教育六法　２０２０』三省堂、２０２０年、１２０〜１３１頁

10)勝田守一、五十嵐顕、太田堯、山住正己編著『岩波小辞典　教育　第2版』１９７３年、47頁

11)堀尾輝久『子どもを見なおす　子ども観の歴史と現在』岩波書店、１９８４年、90〜91頁

第2章　学習指導要領改訂の行方

子供たちが習うものは、彼らの重荷になったり、彼らにとって任務として課せられてはなりません。なにごとでも、そういうふうに持ち出されると、すぐ疎ましいものになって、以前には喜ばしいものか、なんでもないものであったものでも、心はそれを嫌うのです。子供がそうしようと思っていようがいまいが、毎日一定の時間に独楽回しをするように云いつけ、そのために午前と午後の時間を多く費やさねばならぬ義務としてのみ子供に命じ、そしてその子が間もなくこんな風ではどんな遊びもまっぴらと思うようにならないかどうか調べなさい。大人についても同じことではないでしょうか。愉快に自ら進んでやっていることでも、義務として期待されていることを知るや否や、彼らは直ちにそれに嫌気がさし、がまんできなくなるのではないでしょうか。子供たちは、貴下がた大人の中でももっとも自尊心の高い人たちが自恃するると同じ位、自分たちは自由で、自分たちの良い行為は自発的なものであり、自分たちは自主独立であることを示したいと考えています。

（ジョン・ロック著、服部知文訳『教育に関する考察』岩波文庫、1967年、99〜100頁。
自恃：じじ、「みずからをたのむ」の意、自信）

1．PISAと資質・能力

2017年から2019年にかけて改訂された学習指導要領は、OECDのPISAの影響を強く受けています。

もともと、OECD（Organisation for Economic Co-operation and Development　経済協力開発機構）は、先進国間の自由な意見交換・情報交換を通じて、1)経済成長、2)貿易自由化、3)途上国支援（これを「OECDの三大目的」といいます）に貢献することを目的としています。[1)]「先進国間の」と規定されているとおり、豊かな資本主義国のみが加盟できる組織であって、誰でも入れてくれるとは限らない、「お金持ちのなかよしグループ」といった印象です。

そんな組織がなぜ、これほどまでに、教育について熱心に調査研究をするのか。それは教育のありようがその国、地域の未来を決定するという彼らなりの認識に基づいて、国際的な提言を積極的に行ってきたからです。実際、OECDが2011年に公表した出版物では（邦訳『PISAから見る、できる国・頑張る国　トップを目指す教育』明石書店）、PISA調査で優秀な成績を収めた国、地域を詳細に分析し、その結果をもとに、最終章で「アメリカへの教訓」と題して42頁にもわたって、懇切な教育政策を米国に提案しています。

このように、「世界最大のシンクタンク」であるOECDによる教育調査、分析、政策提言は多くの国の政策に影響を与えており、OECDの事業のうち、最も成功したものの一つとされています。その渦中にあって、日本は一貫してPISAにおける優等生です。優秀な成績を収めている国、教育において成功を勝ち取った国として位置づけれられており、わが国の為政者たちは誇らしげにこの調査研究に参加している、というところです。

ところで、このPISA調査は、本当に教育学的研究として進められてきたのでしょうか。確かに、調査の手続きは精密な科学的手法がとられてはいますが、その意図する方向は、教育以外の力が働いています。ある研究者は次のように解説します。[2)]

「近年、企業においては、仕事ができる人とできない人の差異を調べて、実力のある人の特性をコンピテンシーの高い人と呼び始めている。高い業績を持つ人を見ると、旧来の学問的テストや学校の成績、資格証明書と、仕事の業績や人生の成功とはあまり関係がみられず、むしろ次のような行動特性が見られる。

1)異文化での対人関係の感受性が優れている。外国文化を持つ人々の発言や真意を聞き取り、その人たちの行動を考える

2)他の人たちに前向きの期待を抱く。他の人たちにも基本的な尊厳と価値を認め、人間性を尊重する

3)人とのつながりを作るのがうまい。人と人との影響関係をよく知り、行動する

さらに、近年行われたOECD生徒の学習到達度調査（通称PISA）によれば、読解力、数学、

科学領域での生徒の知識と技能の分析と評価から、人生における生徒の成功はいっそう広い範囲のコンピテンシーと呼ばれる能力に左右されるのではないかということがわかってきた。

つまり、学習の力を考える時、これまでの知識や技能の習得に絞った能力観には限界があり、むしろ学習への意欲や関心から行動や行為に至るまでの広く深い能力観、コンピテンシー（人の根源的な特性）に基礎づけられた学習の力への大きな視点が必要となってきている。」

PISA調査では、これまで学校教育で重視してきた能力観とは異なる能力を調査する。それは、仕事ができ、人生に成功する能力は何かということだ。知識・技能から意欲・関心、行動・行為の総体を含む能力（コンピテンシー）が大事なのだと明快に言いきっています。

彼は続けて、「第一に、私たちは、読み、書き、計算する力と別に、どんな能力（コンピテンシー）を身につければ、人生の成功や幸福を得ることができ、社会の挑戦にも応えられるのか？　第二に、どんな時や場所でも、若い時、年を取ってから、就職の時、新しい職場に入る時、家族を作る時、昇進する時、引退する時など生涯のいろいろな時に、どんな能力（コンピテンシー）が重要となるのか？　そして重要なキー・コンピテンシーは、国や地域、年齢や性、階層や職業などの条件にかかわらずどこでもいつでも役立つのか？」、そういうことを明らかにしたのだと語っています。

これは、ドミニク・S・ライチェンほか『キー・コンピテンシー　国際標準の学力をめざして』の監訳者序文として、立田慶裕さん（国立教育政策研究所総括研究官）が書かれたものですが、それ以降、わが国の教育政策の行方を決定づける概念「キー・コンピテンシー」の登場シーンとして印象に残る箇所です。

2. キー・コンピテンシーの構造

急に注目されるようになったキー・コンピテンシー。

コンピテンシーは英語でcompetency。能力という意味です。能力を指す英単語は、ability、capacity、power、faculty、talentなどたくさんありますが、competencyは個別の、サイズの小さい能力を指すものではなく、総合的な能力を意味する用語です。それがここに来て、「知識・技能から意欲・関心、行動・行為の総体を含む能力」という教育的概念として急浮上し、鍵となる能力という新たな意味づけを得て、キー・コンピテンシーという用語で定着しています。

OECDの経年的な研究は、この概念についても発展をもたらしており、「思慮深さ（内省力）」「批判的思考」などの要素が加えられたりしていますが、ここでは、わが国の教育政策に大きなインパクトをもたらした前掲書、ドミニク・S・ライチェンの論稿と、OECDのTHE DEFINITION AND SELECTION OF KEY COMPETENCIES Executive Summary[3)]を念頭に、話を進めます。

ドミニク・S・ライチェンによると、キー・コンピテンシーは、「1．相互作用的に道具（tool）を用いる」「2．異質な集団で交流する」「3．自律的に行動する」からなるとしています。

「道具を用いる」というのは、ネジ回しの工具などを指すわけではなく、言語、シンボル、テク

キー・コンピテンシー	必要な理由	コンピテンシーの内容
1 相互作用的に道具（tool）を用いる	・技術を最新のものにし続ける ・自分の目的に道具を適用する ・世界と活発に交流する	A 言語、シンボル、テクストを相互作用的に使用する B 知識や情報を相互作用的に使用する C 技術を相互作用的に使用する
2 異質な集団で交流する	・多元的社会の多様性に対応する ・共感の重要性 ・社会的資本の重要性	A 他者と良好な関係をつくる B チームを組んで協力して働く C 争いを処理し、解決する
3 自律的に行動する	・複雑な社会の中で自分のアイデンティティを実現し、目標を設定する ・権利を行使して責任をとる ・自分の環境とその機能を理解する	A 大きな展望の中で活動する B 人生の設計、個人的プロジェクトを設計し実行する C 自分の権利、利害、限界、ニーズを表明する

図1 「キー・コンピテンシー　人生の重要な課題に対応する」をもとにした概念図（ドミニク・S・ライチェンほか『キー・コンピテンシー 国際標準の学力をめざして』第３章「キー・コンピテンシー　人生の重要な課題に対応する」をもとにした概念図より作成）

ストを指しており、それを「相互作用的に」という但し書きを付けています。つまり、英語を使えるようになるにしても、難しい英語論文を解釈するだけでなく、聞く（リスニング）、話す（スピーキング）、読む（リーディング）、書く（ライティング）の、いわゆる英語４技能が能動的に習得されている状態を指します。

そこで気づくのは、大学入試改革で何度も議論された、英語民間試験の導入です。大学入試改革の大看板として喧伝されていましたが、地域間格差（都市部の受験生が有利）、経済格差（有料試験なので）から不満の声が相次ぎ、最終的に断念されました。国語・数学の記述式問題導入も見送りとなり、大騒ぎだった大学入試改革は不発に終わりました。

ところで、英語の民間試験導入は、文部官僚の思いつきで始まったわけではありません。PISA、キー・コンピテンシーの流れから、「相互作用的に」英語を使えるようにする、そんな人材が欲しいのだ、という強い政策的エネルギーを背景としていたのです。

「2．異質な集団で交流する」が、「多元的社会の多様性に対応する、共感の重要性、社会的資本の重要性」という必要理由をもち、「A 他者と良好な関係をつくる、B チームを組んで協力して働く、C 争いを処理し、解決する」という内容を想定していることを考えれば、また、「3．自律的に行動する」が「複雑な社会の中で自分のアイデンティティを実現し、目標を設定する、権利を行使して責任をとる、自分の環境とその機能を理解する」という必要理由をもち、「A 大きな展望の中で活動する、B 人生の設計、個人的プロジェクトを設計し実行する、C 自分の権利、利害、限界、ニーズを表明する」という内容を想定していることを考えれば、ここには固有の能力観が存在しています。

英語4技能が日常生活レベルの英会話を意味するものではない。そのことは明瞭です。かなり高い水準のコンピテンシーなのです。それは英語だけでなく、数学、科学も同様の水準が求められます。

さて、ここに来て、PISAを発信源とするこの能力観をどう評価すればいいのか、強い疑念が生じます。

確かに、キー・コンピテンシーには、旧来の受動的な能力観とは異なる先進性があります。多元社会の多様性と自律的な行動を認めています。自律的な行動は、原文では、Act autonomouslyと表現されており、[3)]この場合の自律概念は自立概念とは異なり、自治的、自主的、自制的という意味が込められています。つまり、誰かの命令に服従するのではない、主体的な人格が想定されているのです。また、世界に争いがあることを否定せず、それを解決する志向性も認められます。あらかじめ定められた結論に一方的に導かれる「教化」とは異なる能力観を見る思いがするのも事実です。

しかし、どうも、すっきりしない。

それは、この能力観にははっきりとした政策的意図があるからです。障害のある子どもも含めた、すべての子どもの発達する権利を保障するという意図からではなく、社会の特定階層の人材を開発するという動機が見え隠れするからです。

つまり、子どもの側にたった教育観ではなく、施政者の政治学が貫かれているのです。

3. コンピテンシー概念の系譜

教育学者である松下佳代さんは、「〈新しい能力〉による教育の変容―DeSeCoキー・コンピテンシーとPISAリテラシーの検討[4)]」に興味深いことを記しています。

「『コンピテンシー』は、もともと教育の世界よりむしろ経営の世界でよく使われてきた概念である。その端緒を開いたのは、ハーバード大学の心理学者マクレランド（McClelland,D.）が１９７３年に発表した“Testing for competence rather than for ‘intelligence’”という論文（McClelland１９７３）であった。この論文の中でマクレランドは、従来のテスト（知能テスト、ＳＡＴ、知識内容テストなど）やその結果（学校の成績や資格証明書など）では、職務上での業績は予測できないとして、それを予測できる変数とテスト手法を見出そうとした。その変数がコンピテンスであり、テスト手法が「職務コンピテンシー評価法」である。」

コンピテンシー概念は教育学的発想よりも、経営の実際場面で求められた概念だというのです。続けて、こう書いてあります。

「彼らの開発した職務コンピテンシー評価法は、グラウンディッド・セオリー・アプローチを応用したものである。簡単にいうと、組織の中から高業績者と平均的業績者を選び出し、「行動結果面接」（成功例と失敗例を語らせ、その状況での思考・感情・行動などについて尋ねる）を実施して、両者の差異を説明するコンピテンシー（達成志向、自信、チームワークと協同、概念的思考など）を抽出・尺度化する。そして、そのコンピテンシーをモザイクのように組み合わせて職務ごとにコンピテンシー・モデルを構成するのである。こうして作られたコンピテンシーは21種類、コンピテンシー・モデルは２８６種類にも上る。このコンピテンシー概念は、職業教育や高等教育にもインパクトを与え、多種多様な〈新しい能力〉概念が生みだされることになった。」

「職務上の高業績」を成り立たせているコンピテンシーは何か。その研究があり、その系譜に今回のキー・コンピテンシー研究は位置しているというのです。そういえば、OECDのキー・コンピテンシー研究は発達的観点が弱い。子どもの発達をその道すじにおいて理解するというよりも、集団の中で「できるグループ」はどういう特徴があるのか、それを育てるためにはどうすればいいのか、という発想に貫かれています。人材開発的能力観だなあと感じていましたが、こういう事情があったんですね。

とは言うものの、OECDの研究は経営学ではなく、教育という視野を維持していますので、あからさまな人材開発論として着地することはありません。松下さんも、次のようにまとめています。

「DeSeCoのキー・コンピテンシーとは、一言でいえば、〈道具を介して対象世界と対話し、異質な他者と関わりあい、自分をより大きな時空間の中に定位しながら人生の物語を編む能力〉だということができよう。」

このように、OECDの研究、そして、キー・コンピテンシーは教育学的概念として国際的に提起されたものなのですが、やはり、わだかまりが残る。

教育学者である本所恵さんは、「EUにおけるキー・コンピテンシーの策定とカリキュラム改革」[5)]の中で、EU（欧州連合）がこの概念を受け入れるに当たって慎重な検討を重ねたこと、そして、EU独自のキー・コンピテンシーを策定したことをあげ、次のように書いています。

「EUでの議論では、とくに次の2点に注意が払われた。第一に、経済的側面に偏らず、社会統合を強調することである。DeSeCoのキー・コンピテンシーは、職業や雇用など経済的側面に偏っているという指摘があった。EUでは、経済成長や低失業率の維持も重要ではあるが、それとともに、多様な文化間の相互理解や社会統合が重視された。第二に、キー・コンピテンシーの策定が新たな格差を生み出さないようにすることである。DeSeCoの議論において、キー・コンピテンシーを選択することで、それを身につけているかどうかが、社会の分断、収入格差、社会排除につながる可能性が危惧されていた。個々人の可能性を最大に引き出そうとするのであれば、コンピテンスの有無によって人を分類しないことが必須であると確認された。」

なるほど、EUらしい苦悩だなあ、と思いました。東ヨーロッパ諸国の経済や工業の遅れ、急進的右翼勢力の政治的台頭、移民・難民の社会統合課題など、現代社会の諸矛盾が集中する欧州にあって、キー・コンピテンシー概念で教育を捉えることは極めて危険な試みだと言えます。

EUでは、民族内の、そして民族相互の対等平等な統合という平和的シナリオは難航しており、むしろ、白人同士の階層間競争の様相を呈しています。ベストセラーとなったブレイディみかこさんの『ぼくはイエローでホワイトで、ちょっとブルー』には、その複雑な事情が、中学生の息子と母、父の視線で書かれています。[6)]

「実のところ、近年、移民の生徒の割合は上昇の一途をたどっている。いわゆる『チャブ』と呼ばれる白人労働者階級が通う学校はレイシズムがひどくて荒れているという噂が一般的になるにつれ、白人労働者多く居住する地区の学校に移民が子どもを通わせなくなったからだ。例えば、Munsnetのような育児サイトの掲示板にいけば、学校選びの時期になると、ミドルクラスの英国人と移民が『あそこの学校は白人労働者階級の子どもが多いので避けるべき』みたいな情報をシェアしている書き込みを見ることができる。」

東欧から移民として英国に渡ってきた人の中には、優秀な労働者、技術者がいて、その人たちよりも、むしろ、低所得層の白人が差別されている。教育も、その階層ではなかなか成功を導けていません。

このような文脈にキー・コンピテンシー概念を置いてみると、それが進歩的な能力観と評価するのに深いためらいを覚えるのです。

まして、障害児教育に長く身を置いてきた者としては、むしろ、社会的排除を内包した危険な人間観と感じてしまいます。さらに言えば、こういった能力観を先に置いて、そこから教育が出発していいのかという疑問です。誰彼から「こういった学力を育ててくれ」「こんな人間がほしいんだ」という要請を受け、それに唯々諾々とするのは、もう学校とは言えません。

権力をもつ人たちが教育目標を決め、それを断固として押しつけてくる場合、反対意見は封殺されます。冷静な話し合いを通じて真実を見つけようとする営みは否定されます。近年、学校教育を取り巻く状況には、そんな独裁にも似た雰囲気が漂っています。

全国障害者問題研究会の初代委員長であった田中昌人さんが「発達とは外部に設定された価値

に自分を売り渡すことではない。発達とはなによりもまず自らの内的な必然性にもとづいて、潜在的可能性に充実、連帯、信頼性を築き、発達的価値をつくりだしつつ開花させていくことであり、そのようにしてあらわれたものがどのように伸びていくかは真理・真実に向かって自由である[7]」と述べていますが、OECDのキー・コンピテンシーを考える際に、思い出したいことばです。

4. 学校教育法と特別支援学校

2017年、2019年に公示された特別支援学校学習指導要領も、このような文脈で改訂されたものです。

特別支援学校は、通常の小学校、中学校などとはまったく別の、独自の教育目標、教育課程を措定していると一般には誤解されることがありますが、そうではありません。日本は単線型の教育制度ですので、特別支援学校も原理的には小中学校と同じ教育目標、教育課程構造を基礎としています。

世界の学校体系は、19世紀末までは複線型をとる国が多く、大学を頂点としてその予備学校からなるエリート養成学校体系と、小学校から高等小学校、実科学校へと延長される庶民学校系統とが併存する身分階級的学校体系が一般的でした。第一次世界大戦後は、初等段階は統合されたものの、中等以降は分化されたフォーク型（分岐型）が多く、第二次世界大戦以降は中等教育までも統合された単線型学校体系を目指す世界的動向となりました。[8)]

日本も戦後の教育改革で単線型の教育となり、その体系に盲学校、聾学校、養護学校も位置づけられました。戦前にも盲学校、聾学校は存在していましたが、根拠となる盲学校令、聾学校令は、国民学校令など、他の教育法令とは別の体系であり、教育目標も教育課程も原理を同じくせず、上級学校への進学もできない仕組みとなっていました。戦後の民主的教育改革は、その意味でかなりの先進性をもっていたと言えます。

戦後すぐに日本を訪れたアメリカ教育使節団は、中央集権的で軍国主義的だった教育を批判し、大胆な提言を行いましたが、障害児教育についても次のような提唱を行っています。[9)]

「肢体不自由児や知恵遅れの子供たちに対しては、それぞれ適当な段階で注意が払われなければならない。盲人や聾唖者、その他身体的に大きなハンディキャップをもつ子供には、正規の学校では彼らの要求に充分に応じることができないので、特別のクラスあるいは特別の学校が用意されなければならない。彼らの就学は、正規の義務教育令によって取り扱われるべきである。」

この「正規の義務教育令によって取り扱われるべきである」という考えが実現される形で、学校教育法に障害児の学校が位置づけられました。障害児学校が単線型の教育制度に位置づけられたことは、その後、大きな意味をもつものとなっています。

一つは、教育権の平等性を主張する根拠となりました。養護学校義務制の教育権運動もここに法的根拠をもっていましたし、障害のある子どもの教育と障害のない子どもの教育の権利義務における平等性が確立したと言えます。

学校教育法72条は、「特別支援学校は、視覚障害者、聴覚障害者、知的障害者、肢体不自由者又は病弱者（身体虚弱者を含む。以下同じ。）に対して、幼稚園、小学校、中学校又は高等学校に準ずる教育を施すとともに、障害による学習上又は生活上の困難を克服し自立を図るために必要な知識技能を授けることを目的とする」と定めていますが、この「準ずる」は、法律用語として「あるものを基準にしてそれにならう」という意味とされています。つまり「同じ水準が保障される」と理解されるのです。ときどき、「一段劣った」という意味で「準ずる」を解釈する向きがありますが、それは誤解であり、「同等の」という理解が求められます。

例えば、特別支援学校高等部を卒業した者は、高等学校卒業資格と同じ扱いになります。「えっ、特別支援学校高等部を卒業しても、大学受験資格はないんだよ」とおっしゃる人がいますが、それは罪深い曲解です。実際、文部科学省も、この点については明快です。2010年、広島大学特別支援教育シンポジウム「国連障害者権利条約批准後の教育の在り方について：特別支援教育と通常の教育との連携[10]」でのやりとりを紹介します。まず、フロアから質問が出ます。

「特別支援学校で学ぶことにおける児童生徒の不利益についての問題をどう捉えるのか、というのがこれからの大きな問題だと思います。例えば知的障害の高等部へのニーズが増えていますが、そこで単位を取得しても大学進学へつながらないですね。いわゆる知的障害特別支援学校高等部の単位は大学進学につながらないといった、不利益な問題があるということを、どのように認識されているのかについてお尋ねしたいです」

という発言に対して、文部科学省初等中等教育局特別支援教育課特別支援教育調査官（当時）、下山直人さんは答えます。

「先生は、大学進学につながらないとおっしゃいましたが、これは少し違いまして、知的障害特別支援学校の高等部であっても高等学校の卒業に準ずる教育を受けたという資格は持てます。単位の修得は確かにできませんが、高等学校の卒業をしたという資格は取得できるわけです。その後、大学教育に足るかどうかという判断は大学側の問題ですから、卒業資格として、あるいは入学資格として十分あるというのが私どもの認識です。入学資格があるということと、入学を許可するというのは別の議論になります。知的障害特別支援学校の高等部を卒業し、実際に大学に入学されている方もおります」

このやりとり、興味深いです。

この問題を、関係者はよく理解しておく必要があります。確かに、知的障害特別支援学校高等部で物理や化学の単位を取ることはまず見込めませんし、世界史や古文の授業もまれでしょう。大学入学試験に不利であることは、その通りです。しかし、制度上、単線型の学校体系にあって、高等学校に「準ずる」、すなわち、「同等の」資格が与えられるということを軽く考えてはなりません。特別支援学校高等部に在籍する生徒たちは、一段劣った教育階層にいるのではなく、高等学校の生徒と同じ権利義務を有しているのであって、高校生に対する社会的処遇と同じような敬意を払うことが必要なのです。

「大学進学につながらない」という、都市伝説とでも言うべき誤解は、進路指導の現場でもよく聞きます。専門学校の受験資格に高卒資格が求められる場合もありますが、知的障害特別支援学校高等部を卒業していれば、有資格者です。実際に受かるかどうかは別ですが、資格はあるのです。先方の担当者が無理解な場合、それを是正するのも私たちの役割です。

まだ信じない人のために、大学入試センターのHPで、大学入学共通テストの高等学校等コード表を見てください。[11] そこには「高等学校、中等教育学校、特別支援学校、高等専門学校」が並記されています。障害種別の区別なく、すべての特別支援学校が出願資格の根拠としてコードが割り振られています。身近な特別支援学校の名を簡単に探し出すことができます。「他の出願資格の者」は別欄として「高等学校卒業程度認定試験」「大学入学資格検定」「文部科学大臣の指定した者」「在外教育施設」「認定」「専修学校の高等課程」が掲示され、それぞれに資格についての留保事項が記されています。[12]

特別支援学校高等部卒業生は、高等学校卒業生と同列に大学受験資格が認められ、何の留保もない資格なのです。

障害児の教育が「正規の義務教育令によって取り扱われるべきである」ことの一つ目の意味を

述べました。では、その二つ目の意味は何でしょうか。それは、小学校、中学校など、通常の学校の「教育改革」が障害児学校にも自動的に適用されることで、ときには、それが思わぬ弊害を招きます。

今回の、キー・コンピテンシー概念の導入に伴う、小中高の学習指導要領改訂は直線的に特別支援学校、特別支援教育に影響を持ち込もうとしています。しかし、その影響の仕方は複雑な様相を呈しており、理解が簡単ではありません。

5. 知的障害教育におけるキー・コンピテンシー

2017年~2019年の学習指導要領改訂は、その論理的基礎として、キー・コンピテンシー概念を据えていました。特別支援学校学習指導要領の改訂も、その枠内にありました。

先に紹介したとおり、「キー・コンピテンシーを身につけているかどうかが、社会の分断、収入格差、社会排除につながる可能性が危惧されていた」とEUが指摘するように、この概念は能力主義的分断の危機をはらんでいます。

エリート養成志向の能力観を知的障害教育に当てはめていいのか。深い逡巡が伴います。

学習指導要領改訂の作業と歩調を合わせながら、国立特別支援教育総合研究所はこの問題に取り組んでいます。知的障害教育とキー・コンピテンシーは平和共存できるのか。「平成27年度~28

年度、基幹研究、B－310　知的障害教育における『育成すべき資質・能力』を踏まえた教育課程編成の在り方─アクティブ・ラーニングを活用した各教科の目標・内容・方法・学習評価の一体化─」はその代表例です。[13)]

以下、研究報告から抜粋します。（傍線、三木）

「研究1　知的障害教育における「育成を目指す資質・能力」についての具体的検討

現在の世界の教育の大きな潮流として、コンテンツ・ベイスの教育からコンピテンシー・ベイスの教育へと転換が起こっている。我が国においても、「育成すべき資質・能力を踏まえた教育目標・内容と評価の在り方にする検討会（論点整理）」が2014年3月31日にまとめられた。その後、2014年11月20日に文部科学大臣から中央教育審議会に「初等中等教育における教育課程の基準等の在り方について」諮問がなされたことを受け、学習指導要領の改訂に向けた検討が中央教育審議会においてなされてきた。

（中略）

答申（中央教育審議会、2016）に示された、これからの21世紀を生きる子供たちに求められる育成を目指す資質・能力は全ての子供に求められるものであり、知的障害教育もこの方向性に沿って、教育実践を更に深化させていかなければならない。しかし、これらの考え方がどのように知的障害教育の学校現場で実現されていけば良いのか、またその具体像については明らかになっていない。

（中略）

ＯＥＣＤは、１９９７年から２００３年に掛けてＤｅＳｅＣｏプロジェクトを実施した。ＤｅＳｅＣｏプロジェクトは、グローバリゼーションの進む社会で、国際的に共通する鍵となる能力を定義し、その評価と指標の枠組みを開発することを目的としたもので、諸学問領域の専門家と各国の政策担当者の協働を通して、最も重要とされるコンピテンシーが検討された（国立教育政策研究所、２０１３）。その中で、コンピテンシーは、人が「特定の状況の中で（技能や態度を含む）心理社会的な資源を引き出し、動員して、より複雑な需要に応じる能力」と定義され、鍵となる３つのキー・コンピテンシーとして表２－２－２の具体的内容が示された。このキー・コンピテンシーの枠組みの中心にあるのは、個人が深く考え、行動することの必要性である。そして、深く考えることには、目前の状況に対して特定の定式や方法を反復継続的に当てはめることができる力だけではなく、変化に対応する力、経験から学ぶ力、批判的な立場で考え、行動する力が含まれる。このような背景には、「変化」、「複雑性」、「相互依存」に特徴付けられる世界への対応の必要性が挙げられる（中央教育審議会、２００６）。また、ＯＥＣＤのキー・コンピテンシーは、各国で提唱されている資質・能力に大きな影響を与えている。」

真意の読み取りにくい文章ですが、興味深い記述が2か所あります。

一つは、「これからの21世紀を生きる子供たちに求められる育成を目指す資質・能力は全ての子供に求められるものであり、知的障害教育もこの方向性に沿って、教育実践を更に深化させていかなければならない。しかし、これらの考え方がどのように知的障害教育の学校現場で実現されていけば良いのか、またその具体像については明らかになっていない」という箇所です。

ここで「育成を目指す資質・能力」という用語が出てきますが、これはキー・コンピテンシーと同義という断りがなされていて、学習指導要領改訂を前に、外来語をそのまま重要概念として使用できないとの判断から、日本語に翻訳したようです。「資質」という用語は本来的に生得的なものを指しますが、文部科学省は教育によって育成されるものと意味づけ、「能力」と併置して、キー・コンピテンシーの訳語として「資質・能力」としました。

話を戻すと、この研究は次のように主張しているのです。

「キー・コンピテンシーは知的障害教育でも大事な概念だ。でも、それがどんなものなのか、まだわからない。具体的にも記述できない。けれども、大事なのだ。」

悪い冗談かな、と思うような論理展開です。根拠なしに大事だと力まれても、教育実践を担う者には届きようがありません。

この研究は、続けて、ある特別支援学校の生活単元学習の単元目標を検討し、それが、キー・コンピテンシーに当てはまると主張します。授業で取り組まれる単元を「1. 相互作用的に道具（tool）を用いる」「2. 異質な集団で交流する」「3. 自律的に行動する」のいずれかに分類するという作業に取り組むのです。

学校の単元系統表に記された単元目標を、その文言だけを根拠にキー・コンピテンシーのいずれかに分類する。機械的なマトリックスづくりです。

児童生徒の実態把握も教材の教育的価値の検討もなく、しかも、授業を一切見ることもせずに、「ほら、ここにキー・コンピテンシーっぽい単元がある」とする作業。彼らの好きな「エビデンス」に欠ける研究のように思いました。ごく控えめに言っても「こじつけ」にしか見えません。

さらに重要なのは、発達的な観点で検討していないという点です。

もともと、キー・コンピテンシーは、集団の中の優秀な群を成り立たせる要因を検討したものであって、個人の発達の系を踏まえたものではありません。知的障害の授業においては、子どもたちの発達を把握した上で、価値のある教材に豊かに出会わせることが大事ですが、この研究は、発達とキー・コンピテンシーの関係については無頓着のままです。発達主体としての子どもが授業に出会い、教材の価値を内面化することで自らを変革していく。授業の本質的な喜びを知る者にとっては、およそ共感できない研究となっています。

この研究に携わった、心ある人たちは苦しかったに違いないと思いました。

6. 知的障害に対する偏見はどこにあるのか

知的障害教育においても、キー・コンピテンシーの育成を目指さなくてはならない。それは可能だというのが、国立特別支援教育総合研究所の先の研究でした。文部科学省も同じ立場です。しかし、それは、教育実践を実際に確かめたうえで、キー・コンピテンシー（もしくは、育成をめざす資質・能力）がホントに大事だと確信したわけではなく、障害のない子どもの教育において、突如浮上した資質・能力概念を否定することができない。単線型の学校体系の重要な一環をなす特別支援教育が、その枠外であることを主張はできないという事情からです。

本来なら、「エリート志向のこんな能力観は、知的障害のある子どもの教育を支える概念としては採用できない」、もしくは「慎重に研究しなければいけない」という立場をとれるはずでした。それは、「オイラ、いち抜けた」と戦線離脱の意図からではありません。障害のない子どもをも救う問題提起となったからです。

子ども全体を視野に入れて、キー・コンピテンシー概念を問い直すきっかけ。そうなるはずでした。本来、人間の発達を支える資質・能力観において、エリート用のものと障害者用のものが別個に用意されること自体が不自然なことであり、障害のある人もない人も共通して説明可能な発達観、資質・能力観を研究することこそが必要なのです。障害者に適用できないものは、障害のない人にも適用できないものなのです。

先に見たように、「組織の中から高業績者と平均的業績者を選び出し、……、両者の差異を説明するコンピテンシー（達成志向、自信、チームワークと協同、概念的思考など）を抽出・尺度化する」という出発点をもつ資質・能力観は、障害者を排除するだけでなく、すべての子どもの発達を保障する科学にはなりえません。

キー・コンピテンシー研究には障害児を視野に入れた研究が見当たらないだけでなく、障害のない子どもにおいても「高業績者」をいかに効率よく、正確に選び出すかという衝動に後押しされた研究です。

文部科学省や国立特別支援教育総合研究所など、わが国の特別支援教育の政策に責任を負う人たちは、そのことをよくわかっているか、薄々自覚しているかのいずれかだと思いますが、特別支援学校学習指導要領の改訂作業では、その能力観の矛盾があらわとなっていました。

一方では、「社会に開かれた教育課程の実現、育成を目指す資質・能力、主体的・対話的で深い学びの視点を踏まえた指導改善、各学校におけるカリキュラム・マネジメントの確立など、初等中等教育全体の改善・充実の方向性を重視」(特別支援学校学習指導要領等の改訂のポイント、2017年4月)と規定し、さらに「個人が深く考え、行動することの必要性。目前の状況に対して特定の定式や方法を反復継続的に当てはまることができる力だけではなく、変化に対応する力、経験から学ぶ力、批判的な立場で考え、行動する力」という資質・能力観の大転換を知的障害教育において提唱する姿勢を示しています。しかし、一方で、知的障害に対する旧弊な能力観は平然と維持されているのです。

文部科学省初等中等教育局特別支援教育課が執筆した「知的障害者である児童生徒に対する教育を行う特別支援学校の各教科等の改訂の要点[14]」には次の記述があります。

「知的障害のある児童生徒の学習上の特性としては、学習によって得た知識や技能が断片的になりやすく、実際の生活場面で生かすことが難しいことが挙げられる。そのため、実際の生活場面に即しながら、繰り返して学習することにより、必要な知識や技能等を身に付けられるようにする継続的、段階的な指導が重要となる。児童生徒が一度身に付けた知識や技能等は、着実に実行されることが多い。

また、成功体験が少ないことなどにより、主体的に活動に取り組む意欲が十分に育っていないことが多い。そのため、学習の過程では、児童生徒が頑張っているところやできたところを細かく認めたり、称賛したりすることで、児童生徒の自信や主体的に取り組む意欲を育むことが重要となる。

さらに、抽象的な内容の指導よりも、実際的な生活場面の中で、具体的に思考や判断、表現できるようにする指導が効果的である。」

ここに示された能力観は、先のキー・コンピテンシーとは大きくかけ離れた、差別的能力観です。知的障害のある子どもは、知識や技能が断片的なので、生活場面に即して繰り返し学習させよう。身に付けた知識・技能は実行されるけれども、抽象的な内容の指導は不向きだ。主体的な意欲が育っていないので、とにかくほめましょう。

知的障害に対する旧弊な差別的規定と、「進歩的」なキー・コンピテンシーの形式的採用とは、およそ相容れない、理論的衝突をもたらします。

学習指導要領改訂に伴う教育行政の指導は、一方ではキー・コンピテンシーの形式的採用による強引な指導が始まっています。特別支援学校学習指導要領解説、総則編では、キー・コンピテンシーを言い換えた「育成をめざす資質・能力」が書かれています。

「教育課程全体を通して育成を目指す資質・能力を，ア「何を理解しているか，何ができるか（生きて働く「知識・技能」の習得）」，イ「理解していること・できることをどう使うか（未知の状況にも対応できる「思考力・判断力・表現力等」の育成）」，ウ「どのように社会・世界と関わり，よりよい人生を送るか（学びを人生や社会に生かそうとする「学びに向かう力・人間性等」の涵養）」の三つの柱に整理するとともに，各教科等の目標や内容についても，この三つの柱に基づく再整理を図るよう提言がなされた。」

ここから、個別の指導計画や授業研究の文書などに、「知識・技能」「思考力・判断力・表現力等」「学びに向かう力・人間性等」の三観点で目標・評価を記述するよう迫る指導が始まります。

繰り返しますが、高業績者をターゲットにしたキー・コンピテンシー概念を源流にもつ三観点です。それを知的障害教育の指導計画文書などに書き込む作業は、論理的矛盾を内包しており、指導する立場の地方教育行政官たちも、自らが書いたこともない文書を指導しないといけない。いきおい、強圧的な指導になりがちです。

このキー・コンピテンシーの形式的採用はインクルーシブ教育という命題と相まって、生活単元学習から各教科への重視という傾向とともに、学校現場に混乱を招く事態となっています。

7. 職業検定の流行は、キー・コンピテンシーと矛盾しないのか

キー・コンピテンシーを推奨しながら、実際の特別支援教育は全国的に「社会適応訓練」に傾斜しています。改訂学習指導要領でも、キャリア教育の重視は相変わらずで、その中でも各地域の教育行政が競うように力を入れているのが、職業検定です。

地域や学校によって個性差はありますが、例えば、広島県は「特別支援学校技能検定の取組」に熱心で、各地の教育委員会が参考にする先進例となっています。このような取り組みは、学校の先生方が協力する、もしくは協力を求められることが多く、広島の研究も現場教員の努力があってこその研究となっています。携わった先生方には敬意を表しますが、実のところ、キー・コンピテンシーとは縁遠い、「目前の状況に対して特定の定式や方法を反復継続的に当てはまることができる力」の典型例です。

詳しくは、広島県教育委員会ＨＰ「特別支援学校技能検定の取組[15]」をご覧いただきたいのですが、例えば、清掃技能検定です。その指導書によれば、〈テーブル拭き〉〈自在ぼうき〉〈モップ〉〈ダスタークロス〉〈スクイージー〉の試技について、検定時間を設定し、作業項目、作業内容、補足事項について実に詳細な指示が書かれています。

〈テーブル拭き〉は「(審査員に呼ばれて準備開始）身だしなみができている」から「審査員に

終了を報告する」「態度」までの13項目からなっていますが、その7番目「濡れ拭き（ふち）をする」の作業内容は

・右手で拭く場合は，濡れ拭き用タオルで左奥の角から隅を拭く。左手で拭く場合は，その逆となる。

・自分から遠いところから一周する。

・ふちを拭き残さない。

・力を入れて拭く。

補足事項は

・タオルのばらけている方を親指ではさむように持ちます。

・指を広げてタオルを持ちます。

・掌がタオルに着いているようにします。

・手がタオルの中心に置くようにします。

・拭く手順は、持ち手に関係なく、自分から遠い角からスタートしていれば、時計回り、反時計回りも問いません。

となっています。

濡れ拭きの手順と乾拭きの手順は拭く動きも異なり、それが図入りで事細かに説明されています。

〈自在ぼうき〉〈モップ〉〈ダスタークロス〉〈スクイージー〉についても同様の仔細さで指導項目が連綿と記述されており、4頁にわたって続きます。

指導書は、この他に「接客技能検定」「パソコン技能検定」「流通・物流技能検定」「食品加工技能検定」があり、評価表もセットとなっています。

これらの、あまりに行き届いたテキスト群を前にして、私はいったい特別支援教育はどこに向かって進もうとしているのか、と深いため息をつきました。

もともと、各種業界が自主的に定めた資格です。その資格取得を奨励する検定は、それぞれに固有の価値があるとは思います。例えば、日本掃除能力検定協会の掃除検定は、それまで、労働条件など、社会的処遇に恵まれなかった清掃業界において、掃除の意味や知識、技能を習得したと協会が資格認定することで、処遇改善を志向するものです。この仕事に価値を見いだす人にとって、この検定は価値があるでしょう。

しかし、それを障害児の青年期教育にどう招き入れるのかは、各学校の教育課程を考える上で、慎重に検討が必要なものです。

生活の主人公として生きるために、食事、更衣、排泄、入浴、掃除、料理、洗濯、買い物、交通機関の利用、コミュニケーション、服薬管理、お金の管理、趣味などのスキルを身につけることは有意義なことです。しかし、それは他律的、受動的に行われるものではなく、生活文化をわがものにする過程そのものが自律的、主体的に取り組まれる必要があるのです。掃除一つをとっても、試行錯誤のプロセスを経て、生徒自身の人格が豊かになるものとして教材化しなければなりません。まるで業界検定を引き写したように取り組まれる「技能検定」は、生活の主人公として生きるための青年期教育とはなりえない。私にはそう映じました。

ここに見られる社会適応訓練は、「個人が深く考え、行動する」というキー・コンピテンシーとは逆行する資質・能力観です。文部科学省がいかにキー・コンピテンシーを称揚しようと、わが国の特別支援教育のトレンドは他律的、受動的な行動マネージメントにどんどん傾斜しているのです。

8. 知的障害を見下す思想は歴史的なもの

国立特別支援教育総合研究所著作の『特別支援教育の基礎・基本』（ジアース教育新社）という本は、教員向けに、特別支援教育をていねいに解説しようとした本です。2009年に初版が出版され、2015年に『特別支援教育の基礎・基本　新訂版』が、2020年に『特別支援教育の基礎・基本　2020』が出版されています。この頃は学習指導要領改訂の時期に当たり、何度も改訂されているのですが、2009年版と2015年版には「障害児教育の歴史」の項があり、参考になります。2020年版には、その歴史の項がなくなり、とても残念なことですが、それはさておき、この歴史記述に知的障害教育についての興味深い記述があります。次の通りです。（傍線、

三木）

「盲・聾以外の障害のある子供に対する教育は、やや遅れて始まりました。知的障害教育に関しては、1890年（明治23年）4月、松本尋常小学校に学業不振ゆえに落第せざるをえない子供のために特別な学級を設置したのが、我が国における知的障害児のための特殊学級の始まりとされています。この学級は4年で廃止されましたが、1896年（明治29年）に長野尋常小学校に設けられた特別な学級「晩熟生学級」は、その後、城山、後町、鍋島田に学校が分かれた後も続き、大正期まで存続しました。

また、1907年（明治40年）の文部省訓令により、師範学校附属小学校においても特別な学級の設置奨励が行われ、各地で知的障害児のための特別な学級が設置されました。例えば、岩手師範学校附属小学校、福岡女子師範学校附属小学校、広島師範学校附属小学校、丸山尋常小学校（北海道）等です。しかし、これらも、戦前まで存続した東京高等師範学校附属小学校の特別な学級を除き、いずれも短命に終わっています。

これらの特別な学級での指導は、いずれも障害のない児童の教育課程の程度を下げ、懇切丁寧に教えることが中心であり、知的障害教育独自の教育内容・方法を伴うものではありませんでした。こうした意味での知的障害教育は、むしろ社会福祉的な施設にその起源を見いだすことができます。学校教育の対象とならなかった知的障害児のための施設として、石井亮一が創立した滝乃川学園（1891年：明治24年、当時は孤女学院）では、知的障害児を保護収容し、エドワード・セガン

（Segum, E）の生理学的方法を基礎として指導を行いました。同様に1909年（明治42年）には、京都に寄宿舎を附設した白川学園が脇田良書によって設立されました。」

これに続く記述として、大正から昭和初期の知的障害教育が紹介されていますが、印象に残るのは、知的障害教育は、通常教育の教育課程の程度を下げ、懇切丁寧に教えることが中心であった。しかし、独自の教育内容・方法をもたなかったため、長続きしなかった、これという成果を上げることができなかった、という評価です。国立特別支援教育総合研究所は、知的障害教育の歴史をこう見ているんだなと思いました。確かに、現在の知的障害教育においても、小学校低学年算数ドリルを特別支援学校高等部でも続け、それで「いつまでやってもできない」と評価する向きがありますが、それに通じるものがあります。

同記述には、学校教育以外のフィールド、すなわち、福祉の分野で知的障害教育は担われたとされていますが、そこでは主に、身辺自立のノウハウや、生活自立を目指した労働教育が行われ、それに付随する形で国語や算数などの学習が行われていました。宗教家や篤志家による献身的な努力で障害児の教育、福祉が営まれていたわけですが、戦後の民主的教育改革の中でも、この構造がその思想とともに温存され、知的障害や重度の障害者は学校教育から排除され、福祉分野で身辺自立と労働教育が取り組まれるという歴史を刻むことになりました。

その基礎には、知的障害のある人たちへの旧弊な観念があったのです。

先に紹介した文部科学省の考え、すなわち、「知識や技能が断片的なので、生活場面に即して繰り返し学習する。身に付けた知識・技能は実行されるけれども、抽象的な内容の指導は不向きだ。主体的な意欲が育っていないので、細かく称賛しましょう」という考えです。それがキー・コンピテンシーを形式的に採用しながらも、実際には職業検定が流行するという矛盾を生んでいるのです。

生存競争が激しい社会においては、人々を能力によって分類し、差別するという強い社会的動因が存在します。それは、教育の公平性を担うはずの文部行政においても例外ではなく、また、諮問機関ではよりあけすけにそれを語る場面が見られます。

第二次安倍政権において、その活躍がめざましかった教育再生実行会議[16]は、実に多くの提言を行いました。本来、中央教育審議会という文部科学大臣の審議会こそが教育政策の提言を担うはずですが、内閣総理大臣が招集する教育再生実行会議がより優先的地位を持ったようです。安倍氏の意向を反映するかのような、独自の教育観が展開されることもまれではありませんでしたが、「これからの時代に求められる資質・能力と、それを培う教育、教師の在り方について（第七次提言）」（２０１５年5月14日）には、次の記述があります。（傍線、三木）

「これからの時代を生きる人たちに必要とされる資質・能力～求められる人材像～

これからの未踏の時代に、社会的・職業的に自立し、たくましく生き抜いていくためには、想定外の事象や未知の事象に対しても、持てる力を総動員して主体的に解決していこうとする力を培っていくことが必要です。そのためには、まずは、基礎となる学力、体力を土台としてしっかり身に付けることが不可欠です。基礎的な知識・技能は、いつの時代にあっても、おろそかにすることがあってはなりません。特に、高等教育を目指し、高度な専門教育を受けて、将来、社会人になる場合、その基盤として、文系にも必要な数理的思考法や、理系にとっての人文・社会系の素養など文系・理系を問わない幅広い教養を備えておくことが必要です。同時に、全ての人が学術研究の道を目指す必要はありません。職業人を志す人には、実社会での活躍に必要な実践的な知識・技能を修得することが求められます。専門高校や専修学校での職業教育をもっと評価していく必要があります。また、これからの世界を生きる上で、日本人としての文化や歴史、伝統を背景としたアイデンティティや国語力と並んで、英語を中心とした外国語による発信力や情報活用能力は不可欠です。」

「高等教育を受ける人」と「職業人を志す人」という巧みな言い方で、能力主義的分断が語られています。EUが憂慮した「キー・コンピテンシーを選択することで、それを身につけているかどうかが、社会の分断、収入格差、社会排除につながる可能性」がここに見られます。

これと比較する意味で、子どもの権利条約（児童の権利に関する条約）を紹介します。

「第28条　締約国は、教育についての児童の権利を認めるものとし、この権利を漸進的にかつ機会の平等を基礎として達成するため、特に、(a)初等教育を義務的なものとし、すべての者に対して無償のものとする。(b)種々の形態の中等教育（一般教育及び職業教育を含む。）の発展を奨励し、すべての児童に対し、これらの中等教育が利用可能であり、かつ、これらを利用する機会が与えられるものとし、例えば、無償教育の導入、必要な場合における財政的援助の提供のような適当な措置をとる。(c)すべての適当な方法により、能力に応じ、すべての者に対して高等教育を利用する機会が与えられるものとする。(d)すべての児童に対し、教育及び職業に関する情報及び指導が利用可能であり、かつ、これらを利用する機会が与えられるものとする。(e)定期的な登校及び中途退学率の減少を奨励するための措置をとる」

ここでは、すべての者に高等教育が開かれたものであると宣明されていますが、よく知られているように、この場合の「能力に応じ」は「発達の必要に応じて」と理解されるものであって、[17]能力による差別選別を意味するものではありません。

知的障害のある人、重い障害のある人に対する社会的差別は、ある時は「キー・コンピテンシーです」「インクルーシブ教育です」と言い、別の時には職業検定で社会参加の力をつけさせようと力こぶを入れる。

支配層の本心はどちらにあるか。それは明瞭に見えていると私は思うのですが、いかがでしょう。

9. 資質・能力論の混乱が招く各教科の重視、生活単元学習の軽視

この章のまとめに入る前に、少し、横道にそれます。今回の学習指導要領改訂で、各教科の目標・内容を重視する方針が出たことについてです。

学習指導要領の改訂作業は、中央教育審議会初等中等教育分科会教育課程部会特別支援教育部

会などで長く議論されていたのですが、出席した委員から、各教科を重視する意見が早くから出ていました。その際、念頭に置かれていた子ども像は、軽度知的障害、もしくは知的障害のない発達障害の子どもたちでした。[18]（傍線、三木）

「インクルーシブ教育システム構築のためには、特別支援教育が通常の小・中学校の中で、あるいは高校の中で推進されなければならないということが12年に出されましたけれども、実際に4・5％の子供たちが通常の学び方では学べないというところで義務教育の中にいるということはわかっています。学習指導要領を見ると、特別支援学校の学習指導要領と小・中学校の学習指導要領が非常に分断されているなというのを常に感じています。やはり文部科学省のおっしゃっているように連続的な学びというのを保障するには、その辺を両者が一緒に考える場というのを是非どこかでつくっていただいて、議論していただけたらありがたいなというふうに思います。」（教育課程部会第92回）

この発言は、通常の学級に在籍する知的障害のない発達障害の児童生徒について語っている箇所です。その子たちをイメージしながら、特別支援学校の学習指導要領と小・中学校の学習指導要領の連続性が求められています。

「大前提として、従来の三障害ではなくて、特に発達障害のことについてお話ししたいんですが、発達障害というのは診断されているケースと、御存知のようにされていなくて非常にニアーなケースがあって、それを含めて通常学級の中でどう指導していくかということを、しっかりと書き込んでいく必要があるということを申し上げたいと思っています。

御存知のように，教育的ニーズに応じて指導すれば，ノーベル賞を取るような学者になったり，作家さんになったり，スピルバーグだって，最近，ディスレクシアだとカミングアウトしましたけれども，起業家になったりとか，そういうことが実際にあるわけです。一方では，ただ受容される，受け入れていただくことは大事なんですけれども，適切な指導がないとなかなか社会参加が難しくなってくる，あるいは社会適応が難しくなってくるという現状があります。」（教育課程企画特別部会第6回会議）

ここでは、ノーベル賞、スピルバーグなどを引き合いに、極めて能力の高い発達障害が念頭に置かれています。

「Twice Exceptional な子供たちの指導の検討も必要だと考えます。Twice Exceptional とは全体的にはアンバランスなんだけれども，一部非常に突出した要素を持っていることを言いますが，最近，その突出したところを伸ばそうという動きが出てまいりました。能力を伸ばすこと自体は好ましいと思っておりますが，犯罪学では，アンバランスがある子どもに対して突出したところだけを伸ばす指導を行うとかえって逸脱するというエビデンスがございます。だからこそ，できるところはもちろん伸ばすけれども，苦手さもトレーニングしつつ，規範意識も高めていくということを行っていく必要があり，そこを指導要領には明記しておく必要があることを強調したいと思っております。」（教育課程企画特別部会第7回会議）

近年、2Eと呼ばれる、優れた才能と発達障害の両方を有する子どもが話題に上がっています。この流れは、「特定分野に特異な才能のある児童生徒に対する学校における指導・支援の在り方等に関する有識者会議」に引き継がれ、流行の政策課題となっています。しかし、本来、障害のある児童生徒について、しかも、相対的に障害の重い子どもたちの学校教育について検討を行っている会議のはずです。特別支援学校の学習指導要領改訂なのですから。

学校教育法上も、特別支援学校は障害のある幼児児童生徒に対して、「幼稚園、小学校、中学校又は高等学校に準ずる教育を施すとともに、障害による学習上又は生活上の困難を克服し自立を図るために必要な知識技能を授けることを目的とする学校」であり、対象障害種として、「視覚障害者、聴覚障害者、知的障害者、肢体不自由者又は病弱者（身体虚弱者を含む。）」と定められています。

知的障害のない、もしくは軽度知的障害のある子どもたち、わけても発達障害児たちが、日本社会で生きづらさに直面していることは、私もよく承知しています。

教育相談で、友達関係に悩み、学校の指導に納得いかず、全国学力テストのあおりを受けて、強い不適応感を生きる子どもたち。小中学校の特別支援学級においても、自閉症・情緒障害学級の在籍者数が知的障害学級を凌ぐようになってきました。自殺願望の深淵をのぞき込みながら生きている子どもたち。その多くがこのカテゴリーにいるのだろうと思います。特別支援学校の学習指導要領改訂だからといって、その対象に含まれない子どもたちのことを話題にすべきでないとは思っていません。

しかし、軽度知的障害や知的障害のない発達障害児の話題に関心がさらわれ、最も中心的な課題であるはずの、障害の重い子どもたちの教育が視界から消えかかっています。特別支援学校学習指導要領改訂は、スピルバーグやノーベル賞をイメージして作業するのではなく、視覚障害、聴覚障害、知的障害、肢体不自由、病弱の子どもたち、わけても、養護学校義務制まで32年間も学校教育から排除され続けた子どもたち、重症心身障害児や知的障害、肢体不自由、病弱の障害を生きている子どもたちの教育を中心に語るべきなのです。この場を置いて他に、この子たちの教育について検討する機関はないのですから。

軽度知的障害や知的障害のない発達障害児への関心は、会議の時間を多く使ったという問題ではなく、各教科の重視、生活単元学習の軽視という問題を招き寄せました。

「地域にある特別支援学校を含め、様々な今ある特別支援教育のリソースをうまく組み合わせて、教育課程が特別な教育課程と通常の教育課程が全く切り離されてしまっている、連続的でないということころから、より柔軟で連続的なものに変わっていくということを期待したい」（教育課程部会第92回）

特別支援学校と通常の学校の教育課程の連続性は、こういう文脈で議論されています。その際、対象として描く子どもは軽度知的障害や知的障害のない発達障害児であり、その流れにおいて、「障害のある子供たちの学びの場の柔軟な選択を踏まえ、幼稚園、小・中・高等学校の教育課程との連続性を重視」（特別支援学校学習指導要領改訂のポイント）という結論を得ているのです。最重度の重症心身障害児の教育課程を仔細に検討し、障害のない子どもの教育課程との連続性を見いだしたところから発想したのではなく、通常の学校との学籍移動を考えての「連続性」です。日本の障害児教育の歴史を無視した、政治的とも言える文教政策です。

戦後の障害児教育は、障害の重い子どもにも教科学習が可能だと主張し続けてきました。それは、「各教科の内容を原初的な発達段階の子どもたちにも適用できるよう拡大して各教科の内容を選択・組織する方向」であったり、「教科教育の本質を保持しながら、障害児の側から新たに教科を再構成していく立場」であったり、様々な立場がありましたが、教育実践検討の誠実さは疑いようがありません[19]。少なくとも、「社会適応を目標とした経験主義的な生活単元学習や作業学習」に対する批判を重要な契機とするものでした。決して、軽度の子が通常の学校に転校したときに困らないように、という便宜的な意図での「連続性」で、各教科を尊重したものではなかったのです。

しかし、今回の改訂では、この「便宜的連続性」の追求が何度も何度も訓令されています。この変化に、むしろ当惑しているのは地方教育委員会の主事さんでしょう。

これまで、知的障害のある子どもの教育は生活単元学習だと現場を厳しく指導し、障害の重い子どもの教科学習を軽視し、実践する教員を冷笑していた指導主事たちが、急に各教科だと言わなければならない。立場上とはいえ、その無節操ぶりは笑えないものです。研究授業の席上で、教育委員会の主事が「各教科の目標を指導案に書き込むように」と指導したものの、具体的な記述方法を質問され、汲々としていた様子を見たことがあります。自分が書けないものを指導するのは本当に苦しそうでした。

ところで、かつての文部省関係の解説を探していると、次の文書が見つかりました。

「昭和49年11月の『生活科指導の手引き』によると、今回の学習指導要領の改訂は、養護学校に就学する児童の障害の程度が重度化する中で『従来の各教科による教育内容の組織様式を、どのように改めるかということが当初の段階における最大の課題』であったとしています。このことは、学習指導要領制定後、知的障害教育の概念を示したにもかかわらず、普通教育の教科概念と同じような教科の指導が行われたり、取り組まれ始めた生活単元学習の指導において、各教科の内容を並列的、機械的に合わせても望ましい授業内容の構成がなされなかったりした状況があったためであると思われます。そのため、『各教科の内容を合わせて授業を行うことの本来の趣旨は、各教科に内容を分けずに授業を行うこと』が、再度本解説において述べられることになります。そして、『望ましい形態に各教科の内容を合わせるためには、児童の生活と密接に関係する内容を中心に置かなければならない』ことが確認され、この結果創設されたものが、各教科の内容を合わせる際の中心教科である『生活科』としています。『生活科』の指導に当たっては、『生活』の内容として示すことがらを一つ一つ指導するのではなく、生活経験を基盤とした『生活単元学習』や『日常生活の指導』において指導することが効果的な方法」であると示されました。[20]」（傍線、三木）

少し古いですが、むしろ、このほうが筋が通っています。

「各教科の内容を合わせて授業を行うこと」、すなわち、教育課程上、生活単元学習などをわざわざつくったのは、各教科に分けることができない教材だからだ。ホットケーキを作る授業は、調理文化そのものに固有の価値があるからであって、「ケーキが何枚と数えたから算数」だとか、「パッケージの説明を読んだから国語」だとか、そんなつじつま合わせを求めているのではない。並列的、機械的に各教科の内容を合わせても、価値ある教材にはならないと語っています。当たり前と言えば、当たり前の主張です。

「知的障害の子どもはからだで覚えさせよう」という思想は色濃く漂いますが、しかし、知的障害教育の価値ある教材は何かを考えた、一つのまっとうな教育課程論です。

今回の学習指導要領改訂は、一方で適応主義的な訓練教育を残し、もう一方で知的障害のない発達障害児に強い関心をもって、十分な検討を経ないまま各教科重視に舵を切りました。インクルーシブ教育の旗を掲げていれば、各教科重視も何とか説明できると思ったのか。教育学的には説明のつかない原理的瑕疵があるのは明瞭ですが、一番困るのは、矛盾に満ちた教育理論をもとに実践を強いられる学校現場です。

10. まとめ

２００７年に学校教育法が改正され、特別支援教育がスタートしました。

現行の文部科学省ＨＰ「特別支援教育」「2．特別支援教育の現状」の冒頭には、「障害のある子供の学びの場については、障害者の権利に関する条約に基づく『インクルーシブ教育システム』の理念の実現に向け、障害のある子供と障害のない子供が可能な限り共に教育を受けられるように条件整備を行うとともに、障害のある子供の自立と社会参加を見据え、一人一人の教育的ニーズに最も的確に応える指導を提供できるよう、通常の学級、通級による指導、特別支援学級、特別支援学校といった、連続性のある多様な学びの場の整備を行っています」と書かれています。[21]

最も期待されたのは、通常の学級が変わっていくことでした。通常の学級にも障害児が在籍していることを公然と認め、障害のない子も含めて、一人ひとりの教育的ニーズに応えようという教育思想こそ、特別支援教育の眼目だったはずです。ところが、特別支援教育スタートから15年余を経て、現場は逆の方向に進んでいます。

通常の学級から特別支援学級へ移動する子どもたちは増え続けています。

特別支援学校高等部はどの地域でも過密状態です。通常の学級の寛容性が期待されていたのに、むしろ、「あの子はやっぱり発達障害だ」「うちの学級の子じゃない」という反応が強くなっています。発達障害の社会的認知が進んだという評価も可能でしょうが、それにもまして、通常の教育の大らかさが薄れています。

友達関係のトラブルは障害を理由に説明され、学校スタンダードの厳格化が子どもたちの行き場を失わせようとしています。学力不振と障害とが混同されているケースもよく見られます。

医師である井原裕さんは、生活習慣の改善で発達障害児の行動問題改善を考えるちょっと個性的な医師ですが、彼の学校教育や保育に対する批判は的を射ています。

「いわゆる困った子、落ち着きのない子、学級崩壊の原因になっているような子に対して、小児科医や精神科医に診断をつけてもらいたがる傾向は、学校にもあります。

実際、私の病院にも、学校の先生から、『息子さん（お嬢さん）は発達障害の可能性があるかもしれないから、病院に行って診てもらってください』と勧められてくるご家族が多いのです。

確かに、授業中に動きまわって落ち着かない、空気が読めずに周囲から浮いてしまうような生徒が学級にいて、先生が困ってしまう状況はよくわかります。でもその裏には、無意識にしろ、『診断名をつけてほしい。診断名さえあれば、特別支援なり、通級なりの別枠に送り込めるから』という学校側の思惑が見え隠れしているように思えてなりません。

それどころか、『薬を飲ませて何とかしてほしい』と訴えてくる例まであります。[22]」

本来、教育課題として受け止めなければならないことを医療に丸投げする。こういった傾向は、現代日本の各地で見られる現象です。医療によって診断名がつけられ、通常の学級から「排除」される大量の子どもたち。その姿は、本来、特別支援教育が期待したものではなかったはずです。

文部行政はこれとは逆に、ふくれあがる特別支援学級への警戒心を強めています。

「障害のある子供の教育支援の手引～子供たち一人一人の教育的ニーズを踏まえた学びの充実に向けて～」（文部科学省初等中等教育局特別支援教育課、2021年6月）[23]は次のように言います。（傍線、三木）

「小中学校等における通級による指導の授業時数については，（略）週当たりに換算すると，1単位時間から8単位時間程度まで，通常の学級以外での特別な指導を行うことができることとなっている。このため，例えば，特別支援学級に在籍して当該学年の各教科等の内容を学ぶ子供が，大半の時間を当該学年の通常の学級において交流及び共同学習で学び，通常の学級以外での自立活動における特別な指導の時間が，週当たり8単位時間はもとより相当数確保する必要がないと考えられる場合には，通常の学級における指導と通級による指導を組み合わせた指導による対応を検討するべきである。」

通常の学級で居心地良く過ごしており、自立活動など、一部の授業のみを特別の場で受けている子どもたちは、そのほとんどがすでに通常の学級に学籍を置いているはずです。通常の学級に在籍することそのものに何らかの深刻な苦しさがある子どもたち。その子たちが特別支援学級に籍を置き、「居場所」を得ている。そこには各地の教育委員会、学校が、その措置を支持するだけの根拠があるにもかかわらず、中央政府が頭ごなしにその実態を否定する。このような方針を打ち出すのは混乱をもたらすに違いありません。

特別支援学級在籍者数の上昇が文部行政として問題だと考えるのであれば、通常の学級の寛容性をどう確保するかを真剣に考えはじめるべきでしょう。

この章では、PISA調査、キー・コンピテンシー、そしてわが国における「育成をめざす資質・能力」から話を始めました。話題をまとめるに当たり、キー・コンピテンシーの定義のためのDeSeCoプロジェクトの解説文書を示しておきます。この能力観の本質が露骨に書かれています。著者は先に紹介したドミニク・S・ライチェンです。

「DeSeCoプロジェクトにおいては『想定されているのは、ただ有能であればどんな個人でもよいということでなく、少なくともOECD諸国を特徴づける自由民主主義や資本主義経済体制の中で有能に機能することができる人間である』。今日、ほとんどのOECD諸国において起業家精神や個人の責任に価値がおかれている。個人は単に適合的なのではなく、革新的で、創造的で、自己主導的で、内発的な動機づけをもち、したがってさまざまな社会領域において自らの決定や行動に責任がもてる（親、パートナー、雇用主、従業員、市民、学生、あるいは消費者のいずれであっても）ことが期待されている。[24]」（傍線、三木）

革新的、創造的、自己主導的であっても、自由民主主義や資本主義経済体制で機能できなければば関心がない。そういう能力観なのです。

戦後の教育改革で学校教育法が制定され、知的障害、肢体不自由、病弱のための養護学校の設置義務が明文化されながらも、32年間、それが放置された。その間に、多くの障害児は学校に行けず、友達や先生に会えず、家族は人目を忍んで泣いていた。

職業自立、生活自立ができない。それが教育権剥奪の理由となった。動かせない歴史的事実とあまりに符合する資質・能力論が、ＰＩＳＡというビッグネームとともに跋扈しています。そのことに、私は強い危機感をもっています。

注

1)経済産業省ＨＰ　https://www.meti.go.jp/policy/trade_policy/oecd/index.html

2)ドミニク・Ｓ・ライチェンほか『キー・コンピテンシー　国際標準の学力をめざして』明石書店、２００６年、８～９頁

3)THE DEFINITION AND SELECTION OF KEY COMPETENCIES　Executive Summary　https://www.oecd.org/pisa/35070367.pdf

4)松下佳代「〈新しい能力〉による教育の変容―ＤｅＳｅＣｏキー・コンピテンシーとＰＩＳＡリテラシーの検討」日本労働研究雑誌、№６１４、September 2011

5)本所恵「ＥＵにおけるキー・コンピテンシーの策定とカリキュラム改革」金沢大学人間社会学域学校教育学類紀要（７）、23～32、２０１５

6)ブレイディみかこ『ぼくはイエローでホワイトで、ちょっとブルー』新潮社、２０１９年、23頁

7) 田中昌人先生を偲ぶ教え子のつどい実行委員会編『十割の刻　田中昌人の研究を引き継ぐ』クリエイツかもがわ、２００７年、巻末資料、37頁
8) 桑原敏明「学校体系」、平原春好、寺崎昌男編集代表『新版　教育小事典　第3版』学陽書房、２０１１年を参考にした。
9) 村井実訳『アメリカ教育使節団報告書』講談社学術文庫、１９７９年、65頁
10) 総合討議　特集：２０１０広島大学特別支援教育シンポジウム「国連障害者権利条約批准後の教育の在り方について：特別支援教育と通常の教育との連携」
https://ir.lib.hiroshima-u.ac.jp/ja/list/HU_journals/AA12383831/~/9/item/32341
11) 高等学校等コード表は大学入試センターのＨＰに収められている。
12) 朝鮮高校の卒業生は、受験する大学ごとに、当該大学による資格審査が求められている。２００３年に外国人学校卒業生の大学受験資格を原則的に認めた日本政府に対して、この措置が民族差別だとの批判が出ている。
13) http://www.nise.go.jp/cms/resources/content/13543/00zen.pdf
14) 文部科学省初等中等教育局特別支援教育課「季刊　特別支援教育」67号、東洋館出版社、２０１７年、６～７頁
15) 広島県教育委員会ＨＰ「特別支援学校技能検定の取組」「5指導書（1）清掃技能検定（五訂版）」
https://www.pref.hiroshima.lg.jp/uploaded/attachment/271686.pdf
16) 教育再生実行会議は２０２１年９月17日の閣議決定をもって、廃止された。「経済財政運営と改革の基本方針２０２１」を踏まえて、新たな会議が開催されるとのこと。
17) 渡部昭男「第六章　特殊教育」永井憲一編、別冊法学セミナーNo.１１５、基本法コンメンタール教育関係法、１９９２年、日本評論社、１４１頁
18) 澤田淳太郎、鳥取大学大学院修士論文「我が国の特別支援教育における教育施策の現状と課題―政策意図と現場教員の認識に注目して―」２０１９年、を参考にした。
19) 玉村公二彦「障害児教育における教科観」、茂木俊彦編集代表『特別支援教育大事典』２０１０年、旬報社、１８０～１８１頁

20）『生活単元学習を実践する教師のためのガイドブック～「これまで」、そして、「これから」～』平成18年3月、国立特別支援教育総合研究所、87～88頁
https://www.nise.go.jp/kenshuka/josa/kankobutsu/pub_b/b-198.html
21）文部科学省　https://www.mext.go.jp/a_menu/shotou/tokubetu/002.htm
22）井原裕『「子どもの発達障害」に薬はいらない』青春出版社、２０１８年、23～24頁
23）文部科学省　https://www.mext.go.jp/a_menu/shotou/tokubetu/material/1340250_00001.htm
24）ドミニク・S・ライチェン「キー・コンピテンシー　人生の重要な課題に対応する」、ドミニク・S・ライチェン、ローラ・H・サルガニク編著『キー・コンピテンシー　国際標準の学力をめざして』明石書店、２００６年、１００頁

第2部
真実を見つける

第1章　若者への視線――次代をつくる人たち

特別支援学校教員を定年退職する4年前、私は鳥取大学の教員になると決めた。もちろん、それは私の一方的決断ではどうしようもないので、しかるべき厳正な審査を経てからのことではあるが、それが決まったとき、古くからの友人はずいぶんとからかってくれたものだ。

「えー、三木くんが鳥取大学の先生になるのー。学生の方が、よっぽど頭がええんとちゃうかー。教えるんじゃなくて、教えられるんじゃないのー」

笑顔での軽口ではあっても、私の受験学力を知る旧友からすれば、半分以上は本心だ。

大学に勤めるとき、同僚となる研究者の皆さんの華々しい経歴を読んで、少なからずたじろぐ気持ちはあった。学歴も職歴も立派な人たちが並んでいる。とは言うものの、知的障害の特別支援学校に長く勤めた者として、「そんな価値観にひるんじゃいけない」という信念だけは持ち合わせていた。

私は私なりの力で勤めよう。そう、決めた。

しかし、それとは別に、こんな不安があったのも事実だ。

鳥取大学は4年制の国立大学である。そこに来る学生たちは、障害児の苦難を感じ取ることが可能なのだろうか。

親戚の集まりでは、「〇〇ちゃんは、よく勉強ができていいね」「鳥取大学に行くんやってね」と言われて育った若者。家庭も4年生大学の進学を認めるだけの経済的余裕がある。将来が嘱望され、本人もそういう自覚をもって、自らの人生を眺めている。

地方大学だと侮るなかれ、彼らはなかなかに優秀な青年たちなのだ。少なくとも、若い頃の私や、私をからかった友人よりはうんと受験競争におけるアドバンテージをもっている。ひがみ根性で言うのではなくて、ホントにそう思っていた。

障害がある、と医師に告げられた家族。しかも「残念なことですが」という前置きをつけられ、予後を悲観的に説明された母親たち。親戚からは、暗に母親の責任を追及された。市役所窓口のバックヤードから「アホの治る薬があったら、ワシがほしいわ」と哄笑された。帰り道、娘を助手席に乗せたまま海に飛び込んでしまいたいと泣いた。これは、本当にあったことなのだ。

まだまだ若く、これという社会的地位も財産も人生経験もないままに、「障害児のよき母」になることを、唐突に、真顔で求められた女性たち。その夫、きょうだい。眠れぬ夜を耐え、朝が来るのを悲しい気持ちで迎えた障害児の家族。

この人たちの苦労と、これから私が大学で出会うであろう若者たちの人生とは大きくかけ離れている。ひょっとすると、どこにも交わる点がない。障害者問題を教養としてのみ理解し、いっぱしの社会人となる。そんなことが起きるのではないか。

それは、私の知っている子どもたちや家族を、遠いところで裏切ることになりはしないか。そういうおそれをもっていた。

でも、そうではなかった。

現代日本に生きる若者の多くは苦難を生きている。障害児教育を志す若者の中には、障害者問題を他人事としてではなく、その人なりの切実さで抱きしめ、生きている人たちがたくさんいた。この章では、その事実を記していこうと思う。(以下、みなさん、仮名です)

1．カナコさんの卒業研究

私の研究室をカナコさんが訪ねてきたのは、彼女が大学8年生の春だった。

大学構内で数度見かけたことはあるものの、「長い間引きこもっている女子学生」としてのみ知っていた。大学4年生までは順調に授業も受け、単位も十分に取り、後は卒業論文を提出するのみ。その論文の事例検討についても、研究対象校の評判もよく、誰も彼女のことは心配していない。そんな存在であった。

それが、卒論提出を控えた秋頃から大学に来なくなり、指導教官や教務係からの呼びかけにも応えなくなった。生きているということは確認できたけど、それ以上のコミュニケーションは途絶えがちだった。風聞に近いような報告をカナコさんについて聞いていた。そんな関係だった。

カナコさんの指導教官が他大学に行き、本人にとっても、退学を迫られる最後の年となったその春、彼女は私の研究室にやってきたのだった。長い間、学生マンションにこもっていたらしく、色は白く、表情も冴えない。髪型も、とりあえずクシでといてみただけの自由な感じ。私を見る目つきにも、気のせいか警戒心が感じられる。

研究室のドアを開けて、「私は○○カナコと言います。ご存じですか」と彼女は素っ気なくたずねる。ええ、もちろん知っていますよ、と応える。

「今年、私、8年生になります」「そうらしいね」「卒業したいなあ、と思いまして」「うん」「三木先生のところで、卒業論文を書きたいのですが……」「うん」「指導してもらえませんか……」

ずいぶんと遠慮がちに、そして思慮深い語り口でこう言われて、私はためらう気持ちを抑えながら、うなずいた。

「でも、ほら、君は4年生の秋に、ほとんど卒論を書き上げてたでしょう。あれに手を入れれば、卒論になるよ。そうしませんか」と誘いかける私に、彼女ははっきりと言った。

「ちゃんと研究したいです」

この人には強い意志がある。そう知って、私は覚悟を決めた。よし、最後まで面倒見よう。

私の研究室の卒業研究は、障害のある人に出会うことを基本にしている。考古学を志す学生が遺跡の土を触ることから始めるように、障害児教育を研究しようと思えば、障害をもって生きる人に出会わなければ、何も始まらない。

就学前療育機関、学童保育、放課後等デイサービス、特別支援学校、特別支援学級、福祉事業所、障害児保護者団体などが学生の研究フィールドだ。カナコさんも、当然、そういうフィールドに出かけてもらう。

しかし、学校はやめておこうと思った。学校は、何となく敷居が高いのだ。

学校に長く勤めてきた私が言うのもなんだけど、教育研究のフィールドとして、学校は肩がこる。あいさつの仕方、服装、書類の書き方など、求められる水準が高い。学校によって管理職の言うルールも微妙に違う。そのマイルールがなかなか頑固なことが多い。長い間、自室に閉じこもっていたカナコさんにとって、この窮屈さは耐えがたいだろうし、先方も「言わなくてもいいこと」を言わないといけない。

私が思いついた研究フィールドは、同じ市内にある就学前療育施設。学校に比べると、ずいぶんと自由な雰囲気だ。カナコさんにとって、この「脇の甘さ」は、きっと楽な気持ちをもたらすに違いない。

早速、W学園に電話をかけた。いつも明るい園長先生に、ことの次第を伝えた。決して社交性のよい学生ではないけど、落ち着きのある女性だと。後日、一緒にW学園を訪れた。あいさつをすませ、カナコさんがプレイルームに遊びに出かけた後、私は園長先生にたずねた。

「どうでしょうか。こんな感じの学生ですけど、受け止めていただけませんか」。遠慮がちに言う私に、園長は晴れ晴れと応えた。

「ああいうお姉さんを好きな子、いますよ」

私はこの言葉を一生忘れない。

それから、カナコさんはW学園にボランティアスタッフとして通うことになった。

最終学年の春である。卒業研究の始期としては早くない。本当なら、1学年前の秋か冬にフィールドに入り、職場にも子どもにも慣れてきて、という段取りがいいのだけど、そんな贅沢を言っている余裕はない。

カナコさんの研究は事例研究にしよう、と話し合っていた。障害のある子どもを一人選び、一緒に遊び、生活介護をし、友達関係をつくる。スタッフの一人として参与観察をする。そんな研究だ。まずは対象となる子どもを決めないといけない。そこから本格的な観察が始まるのだから、できれば急ぎたい。

4月が過ぎ、5月を迎え、私は焦り始めたが、カナコさんは少なくとも表面上は落ち着いている。W学園に行くのは楽しいらしく、ゼミでもその様子を報告してくれるのだが、対象事例は決まらないままだ。どうしたものかと思うものの、ここが我慢のしどころと待つ。

6月の初め、カナコさんが「決めました」と言った。早速、一緒にW学園に行った。Rくん。実に地味な子だった。同業者ならわかってくれると思うのだが、そういう子どもがいるのだ。プレイルームの隅で壁に向かって座り、積み木をかじっている。よだれがこぼれる。それが何十分も続く。誰かが関わらない限り、この平穏で無事な世界にRくんは居続けるだろうと思われた。

就学前療育機関で研究する学生が、事例研究に選ぶケースには2パターンがある。

一つは行動上の問題が目立つ子。クルクル回っていたり、コマーシャルを口ずさんだり、友達のおもちゃを不意に取り上げたりする。なぜか、急に泣いたり、怒ったりする。この子はなぜ、こんな行動をするのだろう。どうしてあげたら、落ち着くのだろう。この問いは障害児教育を志す若者にとって誠実な研究の入り口だ。

もう一つは、「かわいい子」を選ぶ傾向だ。学生の名前をすぐ覚えて、一緒に遊びたがる。絵本を持ってきて、読んでと言う。お昼寝の時間も目を合わせてクスクス笑う。ことばが少ないことも、排泄の自立がおぼつかないことも、それらすべての未熟さを人間の愛らしさと受け止める。学生の素直な感性が息づく研究だ。

この二つの傾向に、Rくんは当てはまらなかった。

しかし、Rくんを選んだカナコさんを、私は「目が高い」と思ったのだ。目立つ問題行動でもなく、子どもらしい愛らしさでもない。壁に向かって座り、積み木をかみ続けるRくんを見て、「この子に何をしてあげればいいのだろう」「この子はいつ笑うんだろう」とカナコさんは考えてくれたのだ。

地味に見える障害児。その子の身になって、ともに苦難を受け止めようとしている。カナコさんはただ者ではない。そう感じた。

Rくんで研究すると決めてから、カナコさんはそれまで以上の熱意をもってW学園に通い、ゼミで報告し、みんなと討論した。そうか、Rくん、こんな遊びが好きなんだね、とか、排泄が上手になってきたなとか、話し言葉ももうすぐだねとか話し合った。

秋が来て、冬が来て、カナコさんは卒業論文を書いた。日々の記録が丹念に綴られ、発達的変化が観察され、次春から始まる学校教育への期待と不安が率直に書き記されていた。その文章は生き生きとしていて、この書き手が「長く引きこもっていた学生」とは誰も想像しないだろうと思われた。

卒業論文が完成すると、障害児者家族に必ず報告するようにと、私は学生を指導する。仁義を切ってください、と言う。「みなさんの研究は、障害のある人の人生を対象にしています。その苦難について研究させてもらっている。しかし、研究のために、あの人たちの苦難があるのではない。どんなに未熟な研究であろうと、私たちが知った真実を本人に届けるのが人の世の仁義だ」

そんな勇ましい説諭を元に、カナコさんと一緒にW学園に報告に行った。

お母さんと園長先生に卒論をお渡しし、カナコさんが説明した。いつもの落ち着いた口調で、排泄や食事など身辺自立に関して進歩が見られること、ことばの発達がそれをゆっくりと追いかけていること、筆者（カナコさん）との関係が楽しいものになっていることなど。

一通りの説明を聞いたお母さんは大らかな表情で、「こんな立派な論文にしてもらって、ありがとうございます。Rちゃんで論文なんて書けるのかなって思ってました。地味な子なのに」と語り、そして、付け加えた。「でもね、家ではこの子が一番強いんですよ。お姉ちゃんが二人いるんだけど、Rに髪を引っ張られて泣いています。ひっぱったら痛いよー、って」

それを聞いたカナコさんは言った。

「Rくんが一番強いっていうご家庭は、素敵なおうちです。お姉ちゃんは、本気を出したらRくんを泣かすことだってできる。でも、Rくんのことをみんなで大事にしているから、それをしないんだと思います。（しばらくの間）

私も、いつだったか、こんなことがありました。

あっ、トイレの時間だ。Rくんをトイレに連れて行かなくちゃ。そうしないと、職員さんに注意される。そう思って、Rくんをサッと抱っこしかけました。自分が叱られるからトイレに連れて行こうとした。あっ、でも、これをしちゃいけない。Rくんのことより、自分のことを上に置いて考えていた。この一線を越えてはいけないって、反省したんです」

平気な顔で語るカナコさんを見ながら、私は彼女の思慮深さを再び知ることになった。

卒論を渡し終えて、プレイルームにRくんに会いに行った。

カナコさんがそっと部屋に入ると（ホントにさりげなく入っていくと）、Rくんはそれをめざとく見つけて、ピョンピョン飛びながら、まん丸の笑顔で駆け寄ってきた。

「ああいうお姉さんを、好きな子、いますよ」という園長のことばは本当だった。

2. 卒論発表会

卒論発表会もあった。

8年生のカナコさんにとって、卒論発表会は下級生ばかり。怖じ気づくんじゃないかと少し心配したが、そんな様子は感じられなかった。今にして思うと、ゼミの仲間もよかったと感じる。

200名近く入る大きな教室。発表者はスーツ。パワーポイントでスライドを見せながら、マイクで語る。発表時間は7分、質疑は3分。私のような人間からすると、あまりにも形式にこだわった運営に感じるが、これも大事な要素なのだろうと観念する。

私のゼミ生が何人か発表し、カナコさんの順番となり、いつもどおりの落ち着いた口調で彼女は発表した。Rくんの身辺自立の進歩、ことばの発達の遅延、対人関係の安定など。ひとわたりの報告が終わり、まとめようとしてカナコさんはこう言った。

「私はRくんと一年間過ごしてきて、一つだけわかったことがあります」

それは……、と言おうとするタイミングで、発表終了のベルが鳴った。チンチーン。カナコさんは「終わります」と一言残して壇上を去った。

えっ、そこはぜひ聞きたいじゃないか。質問の時間に、私は手を上げて、「一つだけわかったことがある、ということを聞かせてください」と言った。

彼女は再び登壇し、「質問ありがとうございます」とお決まりの台詞の後に、こう言った。「私はRくんと一年過ごしてみて、私も生きていていい、と思うようになりました」たいしたことは何も語っていないという表情で、カナコさんは降壇した。

自分が生きていていいのかどうか悩みながら、この学生は数年間、生きていた。その事実を知ることになった。


卒論発表会の数日後、カナコさんは菓子折を一つ持って、研究室にやってきた。友達と卒業旅行に行ってきたとのこと。そんな友達ができていたんだなあと、私にはうれしかったし、その菓子折はひょっとして私へのお土産かなあと思いながら、話の続きを待った。

「私、弟に会いに行こうと思うんです」

以前のゼミでも何度かみんなに話してくれたのだが、彼女には統合失調症の弟さんがいる。弟さんが高校生のときに発症。今は施設で暮らしている。数えてみると、もう十年近く会っていない。

統合失調症が何かも知らないまま、高校生だったカナコさんは、変化していく弟を見つめた。バランスを失う家族を見守り、自身の大学受験を切り抜け、入学した。勉学に打ち込み、単位を取り、そして、卒業を拒否した後、学生マンションに閉じこもったのだった。

その頃の気持ちを遠回しにたずねても、あまり明瞭な答えを返しては来ない。

卒業を控え、社会参加を目前にした今、カナコさんは弟に会おうと考え始めていた。「私は弟に会った方がいいのでしょうか」とたずねるカナコさんに、「行っておいで」と答えた。菓子折は弟への手土産だった。

数日後、カナコさんは研究室にやってきた。

「行ってきました」と言う。

「どうだった?」と聞くと「私の知っている弟とはちょっと違ってました。でも、一緒に行った母が言うんです。今日はカナコと一緒だったから、弟がとってもうれしそうだったって」

照れくさそうにそう報告するカナコさんは、晴れ晴れとしていた。

彼女は今、特別支援学校教員として働いている。

卒業後、すぐに講師として特別支援学校で働き始め、学校の様子を時折教えてくれていた。話の端々から、職場で大事にされている様子がよくわかった。もともと正直で思慮深く、働き者のカナコさんは、人から信頼される大切なものをもっている人だったように思う。数年後、関東の大都市で正採用され、そこでも誠実に働いている。

なぜ、3年間、引きこもったのか。それはわからない。カナコさん本人にも、私にもわからない。しかし、社会に出ていくことへの忌避感は強くあったようだし、弟さんや本人、家族がたどった苦難がそれに影を落としていたのかもしれない。

その彼女に笑顔をもたらしたのはRくんだった。

今もカナコさんの携帯の待ち受け画面はRくんの笑顔である。他人から見れば、ごくフツーの子どもの笑顔が、どれだけ彼女を勇気づけたか。

障害のある子どもは、励まされるだけの存在ではない。生きていく勇気を与えてくれることもある。しばしば、ある。私たちは、それをまたしても知った。

3. 障害児のきょうだい

特別支援教育ゼミには、障害児のきょうだい児[1)]が少なからずいる。私の研究室にも、毎年と言っていいほど、きょうだい児がやってくる。鳥取大学にいた10年の間に出会ったきょうだい児には印象深いケースがたくさんある。

授業の中できょうだい児の存在に気づいた私は、授業内容にも積極的にこの問題を取り入れるようにした。将来、教員になろうとする者にとって大切な課題だし、何よりもまず、きょうだい児本人が支えを必要としているのであれば、それに応えたいとも思ったからだ。

1年次の障害児教育原論の終わりに、この問題を扱う。NHKハートネットTV「ハートをつなごう　きょうだい～障害のある人たちの兄弟姉妹[2)]～」を学生みんなで見る。

番組に登場するヒデミさんは染色体異常の弟があり、社会性の障害ゆえに友達を家に呼ぶこともままならなかった。弟の手術で、母親が看病につきっきりになったときも我慢した。障害のある子の分まで頑張らないといけない、とずっと思ってきた。

中学3年の帰宅中、電車で嘔吐した。

進学先のことで悩んでいたけど、誰にも話せなかった。

でも、弟のことは大好きだと言う。

マユさんは双子の弟が自閉症である。こだわりやクルクル回る行動を、周りの人がどう見ているのかにビクビクしていたと言う。からかわれたり、いじめられたり、何かあれば自分が盾になって守るんだと思っていた。

でも、それを家族には言えない。

だって、親は大変な思いをしているのだから、と言う。

40人ほどの学生と一緒に番組を見て、多くの学生が涙ぐむ。きょうだい児の気持ちを知り、深く共感しているのだろう。しかし、当のきょうだい児は様子が違う。ビデオが終わり、授業が終わっても、きょうだい児たちは泣き止まない。

「私も同じだった」

そう言った。

授業では、田中智子さんの論文「きょうだいの立場から照射する障害者のいる家族の生活問題[3)]」をていねいに読んだ。

障害児家庭における「きょうだいの少なさ」は、次の子どもにも障害があったら、という心理的不安が作用している。しかし、それだけではない。病院回り、訓練、母子通園など、24時間、障害児本人を中心とした生活を強いられる。そのことが関係している。

きょうだい児においては、親の愛情をめぐる障害児本人との心理的緊張、家族の中での自らの役割をめぐる模索があること。

障害児者の附属物ではなく、別人格として扱ってほしいこと。

障害に関する世間の無理解との葛藤、それを内面化している自分との葛藤がある。親が聞かないようなことを、きょうだい児は聞いてしまうことがあるのだ。

進路や結婚など、人生の選択でも影響がある。

障害者へのケアの継承が、親からきょうだい児へ移行しやすいこと。また、それは社会的要請の反映とも言えること。

きょうだい児による介護は、高齢になった親も含めて複数の要介護者が家族内に存在しやすく、不安定就労で経済的基盤も弱いこと。

福祉サービス利用頻度も低く、親のもっているようなネットワークがなく、情報が少なく、孤立する危険が高いこと。

これらの問題は、母親の「ケアの専従化」、障害児者のケアにかかる第一義的責任が家族に課せられていることから由来する。きょうだいに生じる問題を解決するためには、障害児者のケアの第一義的責任を家族に強要する社会のあり方を変える他はない。

この結論を、私たちはかみしめるように学習した。


エリカさんはきょうだい児だった。

彼女はきょうだい児に関する論文、著作を読み進め、卒業研究のテーマにそれを据えた。研究方法はきょうだい児のフォーカス・グループ・インタビュー。調査対象となる人に一か所に集まってもらい、座談会形式で話し合う研究である。特定テーマで集まったメンバーなので、個別のインタビューに比べて話が盛り上がりやすく、深めやすい。

まずは、きょうだい児を集めなくてはならない。

「きょうだい児の人、協力してください」って、私の授業で呼びかけてみてはどうですかと誘うと、早速、呼びかけ文を作成し、授業終わりに受講学生に呼びかけた。

障害児をきょうだいにもっている人、一緒に話し合いませんか。50名程度の受講生だったが、すぐに反応があり、結果、エリカさん本人を含め6名のフォーカス・グループが誕生した。

インタビューガイドには次のような質問項目が並んでいた。

・障害のあるきょうだいと自分との、親の接し方に違いを感じることはありますか。
　親に対して障害のあるきょうだいがいることで気を遣ったことがありますか。

　親に「障害のあるきょうだいがいるから○○して欲しい」と言われることがありますか。

　親に対して本当はこうしてほしかった、こうしてほしいということがありますか。
・障害のあるきょうだいに対してどのような感情を抱いていますか。
　どの時期に変わりましたか。変わったきっかけを教えてください。
・障害のあるきょうだいについて、友達に話をすることがありますか。
　どのような友達にしますか。

　どの時期（何歳ごろ）に友達に話をしましたか。
・今、楽しいことは何ですか。

きょうだい児に関する研究課題がうまくまとめられており、このインタビューはとてもいいものになりそうだ。私はぜひ同席させてほしいと言った。すると、エリカさんは「三木先生は、障害児のきょうだいがありますか」とたずねた。私は「ありません」と答えた。すると、笑顔満面で「じゃあ、同席はできませんよ」と言った。

テレビでファミリーマートのCM（♪あなたとコンビにファミリーマート……）が始まると、障害のあるきょうだいが必ず「♪オトコとオンナのファミリーマート」と歌うらしい。なぜ、そんな替え歌になるのか、その理由もいきさつもわからない。けど、エリカさんはそれがかわいくて、愛おしくてたまらない。

でも、彼女はそれを誰にも言ったことがない。

この愛おしさは伝わらない。「知的障害があるから間違えて覚えたのね」「滑稽な覚え方ね」そんな反応をされると、つらい。

切ないけど、楽しい。みんな、わかってくれないだろうな、この気持ち、と思っていた。

でも、きょうだい児のフォーカス・グループ・インタビューでは、ファミリーマートのCMの話が自然と出てしまった。こんなことがあるんですよ。すると、ほかのきょうだい児からも、うちの場合は……、そういえば……、と次々にエピソードが出てきた。わかり合える何かが、そこにはあったらしい。

インタビュー会場からは、始終、笑い声が聞こえてきた。

何か、とっても楽しそうなことが起きている。私はお盆にミカンを乗せて、ちょっとおじゃました。「お世話になってまーす」という、友達にあいさつする母親のように。愛想よく振る舞って、そのままイスに座ろうとすると、みんなが、「ありがとうございまーす、どうぞ、お引き取りください」と笑った。

後で、インタビューの文字起こしを読んだのだけど、これと言って笑いを誘うような箇所は見当たらない。ガイドに沿った話し合いが続き、時に思い出話に花が咲くものの、まじめな話し合いの記録だった。でも、きょうだい児たちは笑い続けていた。ファミリーマートのCMに代表されるような記憶を、初めて心置きなく語ることができ、わかり合える仲間に会えたことが笑顔の連鎖につながった。心深くに沈んでいた記憶を語ることが、きょうだい児にとって大切な時間となっていた。

エリカさんの卒業研究は、次のようにまとめられている。

①幼いころに親に不平等に扱われた記憶が強い「きょうだい」は、親に対して何かしらの要望がはっきりとあった。

②「障害のあるきょうだい」に対して、自分から、思春期ごろに突き放したり、遠ざけたりする傾向があった。

③成長する過程で「障害のあるきょうだい」を受容できるようになってくる。また、同様に親にも感謝の気持ちが生まれるようになる。

④過去の関わり方によって、現在の兄弟姉妹の関係が変わってくる。

⑤周囲が障害について理解がないように感じると、「障害のあるきょうだい」の存在について話

しにくい。

そして、エリカさんは最後にこう結んでいる。

⑥大人になった「きょうだい」が何でも話せる場所が必要である。

4．妹を産んでくれて、ありがとう

マキさん。彼女もきょうだい児だ。

妹さんがダウン症で、よく食べるので、肥満症にならないか、家族で心配していたそうだ。でも、かわいい仕草で食べ物をねだると、両親がついついお菓子をあげてしまう。そんなやりとりを見ていたマキさんは、陰でこっそりと「あんまり食べると太っちゃうよ」と言いながら、お菓子を隠したりしていたという。

妹思いで、正義感の強いマキさん。でも、妹さんは不同意でプンプンしていたらしい。

大学で、初めてダウン症について本格的に学んだ。

そうか、ワガママに見えた行動にも、ちゃんとした理由があったんだ。

マキさんは妹についての理解を深めていった。夏休みに帰省したとき、妹に優しく接しようとすると、これまでの経過を忘れていない妹さんは許してくれない。「いつ、大学に帰る？」と聞いてくる。

こんな話を楽しそうに、少しだけ切なそうに語っていた。

きょうだい児は、意外に、きょうだいの障害についてよく知っていない。親にすると「見ていたらわかるでしょう」と思うし、こと改まって説明するのにかなりの精神的エネルギーがいるのだろう。何よりも、親自身が障害について理解し、受け止め、葛藤の最中にある中で、きょうだい児への科学的説明の余力はないと言える。親がもつようなネットワークはきょうだい児にはなく、専門家の説明も、同じ立場からの共感も、「だいじょうぶ?」の声かけもない。そんな中、きょうだいとして障害を理解し、対応することが求められていく。

親が聞かないような差別的言辞も聞く。お母さんを助けてあげてね、という「親切」な助言もある。親がどれだけ努力しているか知っているだけに、不平を不平として声に出せない。きょうだい児は、子どもが受け止めきれない問題を受け止めて生きている。

マキさんは「障害児の親のインタビューをしたい」と希望した。それなら、ダウン症協会の人たちを紹介するよと言うと、違う障害のグループを教えてくれと言う。なぜ、ダウン症じゃないのだろうと思いながらも、自閉症協会と連絡を取った。

一緒に自閉症協会の事務所を訪ねた。スマホで住所を確かめながら「三木先生、こっち、こっちですよ」と自ら案内してくれたときの、緊張したマキさんの表情を今でも思い出すことができる。

これ以降、マキさんと自閉症協会は、計3回のフォーカス・グループ・インタビューを重ねたが、回を追うごとにお母さんたちがマキさんへの信頼を深め、楽しそうに語り合う様子が観察された。こんな機会を与えてもらって、とても勉強になったと言ったのは、お母さんたちの方だった。

私の研究室では12月中旬に、卒論の仮提出をさせる。それに赤を入れてクリスマスの頃に本人に返し、1月末の本提出に臨んでもらう。

仮提出本を読む作業はけっこう時間がかかる。1本に数時間は必要なので、それなりの日にちを当てる。かなりの重労働だから苦しいばかりなのかというと、そうでもない。学生の論文は学術的価値から言えば未熟なものであろうが、若者らしい真実の発見があり、その真実には、学者さんにはない勢いがある。なかなかの魅力があるのだ。マキさんの論文は、その中でも独自の光を放っていた。

第1回インタビューでは、主に自閉症スペクトラムの障害特性による母親の育児体験における困難、周囲からの理解について聞き取りを行い、結果を7項目に振り分けた。

第2回インタビューでは、家族間の関係や、家族の協力や障害理解について聞き取りを行い、結果を15項目に振り分けた。

第3回インタビューでは、母親が育児を行うにあたって相談をした相手や内容、教育機関からの支援、市町村からの支援、今後あってほしい支援について聞き取りを行い、結果を16項目に振り分けた。

この研究結果は、これまでの学術研究ですでに明らかになっていることも多く含まれていたが、何よりも「人ごととして済ませようとしない」鋭い論調が光っていた。彼女にとって、これらの真実はゆるがせにできないものばかりだったのだ。

障害児の母親が経験する子育ての苦しさ。周囲の人の無理解とそれを知る悲しさ、悔しさ。社会に対する怒り、不条理への抗議。それらは自閉症の母親の言葉を通して知る、マキさんの母親の姿だった。自身が経験した家族の苦難だった。

マキさんの卒業論文を読みながら、私は不覚にも何度も涙をこぼした。

いつもはクールで、感情を露わにしないマキさんの、押し殺した感情の発露を知ったからである。卒論を通して、マキさんは家族への思いをことばにしていた。

大学での卒論発表会のあと、自閉症協会のお母さん方のために卒論発表会を行った。会場はお母さん方が福祉会館をとってくれて、マキさんはスーツを着て、パワーポイントで発表した。型どおりの7分間の発表があり、その後はお母さんたちとの打ち解けたやりとりが続き、もうこれで閉会という段になったので私はたずねた。

「今回の研究で得たものは何ですか?」

するとマキさんは「自分の母に言いたいことができました」

「それは何?」と急いでたずねる自閉症協会の人に向かって、マキさんは言った。

「妹を産んでくれてありがとう、と言いたいです」

先に紹介した田中智子さんの論文では、障害児家族の苦難の解決は「家族に障害児者のケアの第一義的責任を強要する社会のあり方を変える他はない」とされており、特にきょうだい児の課題の仔細な検討はとても参考になった。

その中で、特に印象的だった箇所がある。先行研究を引用する知見で、きょうだい児が「障がい者のケア役割などを通して高い社会的能力を養っており、そういう意味で肯定的な自己概念や、高い自尊感情を持っている」とする指摘だ。きょうだい児であることは、悪いことばかりじゃないんだ。

私は深くうなずいた。

きょうだい児はそれぞれに個性があり、育った環境や経験も異なるので、一概に言えることは限られている。しかし、「高い社会的能力、自己肯定感、自尊感情」と言われると、思い当たる学生がけっこうたくさんいる。

卒業後、それぞれの道を歩くきょうだい児たちだけれど、そんな力が発揮されていますようにと私は祈っている。

5.「障害のある子ども、かわいい」

きょうだい児の話題から離れる。

マリンさん。彼女は、一見、屈託のない、おしゃれな女性だった。2年生の時、私の研究室にやってきて、「三木先生のところで、障害児の卒論を書いてみたい！」と言ってくれた。約束通り、3年後期に三木ゼミに入ってきた。

誰とでも社交的に過ごすマリンさんは、しかし、よく観察すると、人との関係を結ぶとき慎重で、時には自己防衛的な様子があった。「ちっさい頃からよくいじめられたから。特に、女の子に」と、後々語ることになる。

そんなマリンさんが興味を示したのが、就学前の障害児だった。「むっちゃ、かわいいです。絵本を持ってきて、読んでくれる。本が逆さまなんだけどー」などと、ゼミでの報告はいつも、むっちゃ楽しそうだった。

彼女の卒業研究は「子どもに関わる人が〝子どもを好きになる〟こと──その手がかりを探す研究」となった。障害のある子どもの「かわいさ」って、何なのか、それを知りたいと無邪気そうに笑っていた。しかし、ある日、ゼミでこう報告する。

インターネットで「障害児」「かわいい」と検索すると「障害児」「かわいい」「と思えない」と

いう書き込みがいっぱい出てくる、というのだ。それも障害児の母親のブログなどから。かわいいと思いたいのに思えない。こんな私は母親失格なのか、という深い失望の書き込みもたくさんあったと言う。

なぜなのか。マリンさんは考え込んでいた。

研究の趣旨を読み返してみると、「親による子ども虐待が社会的に深刻な問題になってきており、子どもをかわいいと思えない親が増えている現状がある。その中には、発達障害の子どもをもつ親も多い。しかし、子どもたちをかわいい、理解したい、愛したいと思う気持ちは皆持っており、そう思えるきっかけはきっとあるはずである。そこで本研究では、発達障害の子どもをかわいいと思えるときはどんなときなのか、そして、発達障害の子どもを理解するプロセスの特徴は何なのかを、参与観察から明らかにしたい」と書いている。

就学前施設に通い、報告を重ねるマリンさんは、本当にいつも楽しそうだった。常に「むっちゃ、かわいい」のトーンなのである。発達障害の子どもがお昼寝の時間に眠ろうとせず、隣で添い寝するマリンさんと目が合う。微笑みあう。それがかわいいと言う。食事介助もトイレ介助も苦にする様子はなく、「かわいい」の一色だった。

ところが、2、3か月たった頃、こう語り始めた。

「私、お母さんの気持ちが少しわかってきた。かわいく思えないときがある。そんな気持ちになるときがある」

療育ボランティア・スタッフとして通う彼女が、だんだんと仕事にも慣れてきて、一人前に扱われるようになってきたのだ。

「10時半には、○○くんのトイレを済ませておいてね」

「お昼寝の時間、遊んでないで、ちゃんと寝かせてくださいね」

他の職員から、こう言われる。もちろん、悪意はなく優しい口調だし、療育の必要から当然なのだが、マリンさんは「責任」を感じるようになる。トイレに行かせなくちゃ。お昼寝はしっかり寝かせなくちゃ。それができないのは、私の力不足……。

そう思い始めると、お昼寝の時間、人目を忍んで目を合わせていても、以前のような「かわいさ」を感じない。他の感情がわいてくるのを自覚する。

私、子どもをかわいく思っていない。

責任。他の人からどう見られているか。その重みが感じられる。お母さんの感じていたのはこういう感情だったのかもしれない。そう思った。

とは言うものの、マリンさんは、相変わらずの明るさでボランティアに通い続けた。そして、さらに数か月たった頃、こんなことを言い始めた。

「私、子どものこと、またかわいいと思えるようになりました」

その変化の理由をたずねると、さらりとこう言った。

「子どもの事情が、何となくわかるようになったからです」

トイレに行くのをぐずる理由。お昼寝が苦手な事情。子どもの行動を、外側から理解するのではなく、子どもの内側から理解しようと努めたとき、「かわいい」という感情が再び自然発生したという。

ダンス部の中心メンバーだった快活な女性が、子ども理解についての深い洞察を試みた研究だったと思う。彼女はこう書いている。

「子どもをかわいい、愛したいと思うためには、養育者の「心の余裕」が必要である。そのためには、保育士等（一緒に子どもを見守る第三者）の存在が必要不可欠で、関係が良好な第三者がいると、子どものことを相談する相手ができる。また、子どもとの嬉しい出来事を共有することで、もっと自分の子どもを好きになるきっかけになると考える。

発達障害の子どもとの愛着形成は、より時間がかかる。視線が合いにくく、養育者側からのアプローチが気づかれない場合や、逆に養育者が子どもからの『かわいいサイン』に気づけない場合がある。双方向的なコミュニケーションがスムースにいきにくく、関係構築のために、養育者からのくり返しのアプローチと、充分に『待つ』時間が必要になる。しかしそれは、『母親だから』『自分の子どもだから』といって、いつも、どんなときも無条件にできるものではなく、子どもを理解する環境が整っていたり、この子を愛したいと思う原動力が母親になければ難しいのではないか。」

母親本人の個人的努力や責任だけを追及しない。そういう教育思想が感じられて、私は深い安緒を感じたものだ。

卒業論文の発表会が終わり、翌日の口頭試問の日。試験官は笑顔でこうたずねた。

「発達障害の子どもを、はじめはかわいいと思った。次に、かわいいと思えなくなった。そして、再び、かわいいと思うようになった。じゃ、次は、またかわいいと思えなくなる日が来るんじゃないですか」

すると、マリンさんは涼しい顔で答えた。

「そんな日が来るかもしれません。でも、前と同じではない。振り出しに戻るんじゃないと思います。次の悩みが始まるんだと思います」

子ども理解はらせん状に発達していく。深いことを言うなあ、と思った。

6. 障害のある人の恋愛、結婚

ミキさんも笑顔いっぱいの女性だった。

「笑顔いっぱい」は「悩みナシ」に見えてしまう。人間理解の力不足なのだけど、私はそんな誤解をしていた。

卒業研究に対して、ミキさんは「障害のある人の思春期・青年期」のテーマをもっていた。「知的障害の友人がいて、その人がどんな思春期・青年期を送ったのか、どう支えればよかったのかを知りたい」確か、そんな入り口を語っていたように思う。

あれやこれやと検討を重ね、たどり着いたのが「知的障害のある人の思春期・青年期の心理的な支援について〜恋愛における意識の比較検討〜」だった。

一見、不思議な研究テーマに見える。恋愛という用語が入ると、興味先行の研究と曲解される向きもあろう。しかし、このテーマはミキさんにとって重く、切実なものだった。自身の人生をかけた問いだった。それを知るのはずっと後のことだったけど。

自身の語るところによれば、彼女は脊髄性筋萎縮症だった。[4)]

「もともと走ることが大好きで、小学校の頃は登下校も昼休みもいつも友達とかけっこ、放課後も体をいっぱい動かして遊ぶ子どもでした。そのせいか、性格はとても快活だったと思いますし、周りにも私はそのようなイメージだったと思います。それが、中学2年生の頃、突然走ることが難しくなりました。なぜそうなったのか、自分でも理由が分からず、少し体重が増えたからだと思い込んでいました。それからというもの、大好きだった体育の授業が苦痛になりました。

私の中学校では、休み時間に運動場で遊ぶのが定番で、友達は集団で外に走っていってしまいます。一緒に外で遊ぼうと言われても、「走れない」という以外の理由をつけて断るばかりでした。休み時間は数人だけ残ったガランとした教室で、ボールを蹴る音や運動靴が土を蹴って走る音を聞きながら読書をしたり、塾の宿題をしたりするようになりました。雨の日や、仲のいい友達のグループが教室でトランプをしようということになった日は嬉しくて、なにより安心したのを覚えています。部活動は水泳部で、走ることはなかったので、思いっきり打ち込むことができました。高校生になると走ることのない弓道部を選んで、これもまた打ち込みました。不安要素のない環境の中でできた仲間は安心して一緒にいることができました。

高校生になってしばらくして、歩き方がわからなくなりました。「どうやって歩いてたっけ？」そう思いながら色々と模索しながら歩いていると、よく友達に後ろから「う◯こ踏んだの？」ってからかわれていました。「違うよー！」なんて笑っていましたが、どうして歩きにくくなったのだろうと不安になるばかりでした。

毎年恒例の遠足はみんなに最後までついていけるか不安で、運動会の100メートル走は、わざとスタートで躓いて転んで、へらへら笑いながら一番最後にゴールしました。だって真面目に走ってダントツで遅いのはかっこ悪いと思ってたからです。体育の授業は、腰が痛いといって見学することもしばしば。やんちゃなイメージが先生達にあったのか、私を走らせるとかなり遅いので、サボってるんじゃないかと疑われたり怒られたり、やり直せと言われたり。「先生、これ私本気だから！」って冗談交じりに笑って先生を説得することもありました。笑ってないと、真面目に心配されるのも嫌で。

大学に進学し、地元を離れて一人暮らしが始まると、義務教育の頃よりも集団行動が少なくなり、周りへの不安や自分の居場所を必死に探すことはなくなりました。授業も遊びも生活も、好きなだけできました。走ることから遠ざかることもできました。大学2年生になると階段を上るのがきつくなり、立ち上がるのも鈍くなって、家から学校まで持続して自転車を漕いだり歩くことができなくなりました。その頃から歩いて移動するときは、なるべく人目のない道を選ぶようになりました。

特別支援教育の勉強をするようになって、あるとき自分の病気に疑問を持ち、近くの病院に行った事がきっかけで病気であることがわかりました。初めての病院で、血液検査に異常があるので検査入院しましょうと言われたときは、何故かとても嬉しかったです。安心しました。歩き方が変なことも、走れないことも、ちゃんと理由があってくれて良かったと思いました。友達や、周りの人が病気のことを知ると、助けてくれたり、声をかけてくれるようになりました。私は今まで困っていたことを隠していたのが嘘みたいに皆に甘えました。「私、歩くの遅いけど気にしないでね」が自然に言えるようになりました。病名を知ってからやっと自分自身の体を受け入れることができたように思います。

そんなときにふと考えました。もし私が幼い頃から上手に歩けなかったら、何か障害があったとしたら、どんなふうに生活していただろう。友人関係や、自分の性格も今とは違ったのかなあ、どんなふうになっていたのだろう。障害のある人たちはきっと学校生活や社会生活で大きな悩みを抱えているのではないだろうかと思いました。」

ミキさんの研究は、知的障害のある女性がどのような恋愛をしているのか、相手のことをどのように理解しているのかを問う研究で、障害のない女子大生との比較研究でそれを明らかにしようとしていた。

障害のない女性が恋愛対象を多面的に理解しようとするのに比べ（○○という良いところがあるけど、△△という面は好きになれない、でも全体としては好き、など）、知的障害女性の対象理解は一面的理解となりやすく（ぜんぶ好き、何となく好き、など）、この対象理解の特徴が恋愛関係の継続に不安をもたらすのではないか、などの調査結果が見られた。

ミキさんは、しかし、知的障害女性の恋愛を一段低く見るような結果に満足せず、恋愛から結婚へと発展した障害者へのインタビューを試みた。当初の研究と趣きが変わってきたなあ、私は首をかしげながらも調査に協力し続けた。彼女は、何組かの知的障害夫婦、その支援者とのインタビューをていねいに続け、記録に起こし、ゼミで話し合った。

知的障害のある夫婦の結婚式。

両親の協力が得られず、勤める会社の人たちが手作りの結婚式をしてくれた。会社の会議室。青年教室の仲間が列席した。歌や踊りをしてくれる約束なのに、みんなが恥ずかしがって座は静まっている。すると、誰かが歌い始めた。

雨降りお月さん　雲のかげ／お嫁にゆくときゃ　誰とゆく／一人でからかさ　さしてゆく／からかさないときゃ　誰とゆく／シャラシャラ　シャンシャン　鈴つけた／お馬にゆられて　ぬれ

てゆく[5]

それをきっかけに、出し物が次々と続き、終わらない。時間がオーバーした。引き出物に、500円のテレホンカードが配られた。新婚旅行に温泉に行った。町に出かけて、迷子になった。幼い頃に入所していた施設に、結婚の挨拶に行った。女性のことはみんな覚えてくれていて、わいわいと話しかけてくれたが、男性の方の記憶は曖昧だった（笑）。

「私たちは好き同士で、今も一緒に暮らしています」

そんなエピソードをたくさん聞かせてくれた。

長いインタビュー研究の最終日、夕方、大学に帰ってきたミキさんは、私の研究室に入ってくるなり、涙をぼろぼろとこぼしながら語り始めた。

何かを間違えていた。新しい真実を見つけた。そんな口調である。

強く感動しているようで、感動が大きければ大きいほど、人はうまくしゃべれないものだが、彼女が貴重な発見をし、それは当初予想していなかった真実であり、しかし、それは研究よりも何よりも、彼女自身の人生にとっても決定的価値をもつものだということは理解できた。

障害のある人の恋愛は、障害のない人の恋愛とはいくぶん異なるところがあるものの、それは修正されたり指導されたりする必要のない、固有の美しさがある。

必要なサポートさえあれば、障害のある人が結婚し、二人で生きていくことは可能であり、そこには純粋な幸福の可能性が存在する。

障害があるということは、決して不幸ではない。


彼女の研究には、気球に乗り、流れる風に誘われるまま平原を飛び続けるような自由さがあった。指導教官である私は心配もし、助言もしたものの、トランシーバーから聞こえる声はいつも明るさに満ちていた。そんな研究である。

「おーい、どこに向かってるんだー？　帰ってこーい！」と呼びかけたくなることもあったけど、ミキさんがたどり着いた地平は見渡す限りの美しい高原だったように思う。

彼女は、先の原稿を次のようにまとめている。

障害のある人の美しさ
私が病気であることが発覚し、友達や先生、周りの人に支えてもらったのと同じように、障害のある人、特に思春期・青年期で、他者との関わりを意識し、自分を見つめるようになる頃、そして集団生活が重みを増す頃には心理的な支援が必要なはずだと思うようになりました。それでこの研究をしようと思ったのです
研究を終え、障害がありながら生きてきた人の話を聞いた後には、当初、想像していたのとは違っ

て、障害のある人も皆が幸せそうで、人の生き方がそれぞれにあることを改めて実感しました。もともと人にはいろんな生き方があっていい、色んな性格があっていいと思っていた私でしたが、心理的支援について研究したいと思ったのには、どこかで〝一般的〟や〝通常〟から外れてしまう者には苦労や悲しみや恥ずかしさがあるに違いない。そして、それは良くない感情だと思っていたからだと思います。それらを無くしてあげたいと私は勝手に思っていたのでしょう。

でもそれは少し違っていました。もちろん、困っている人への支援は必要ですが、統計上の〝一般〟より貧しくて乏しい生活であっても、そこに満足して幸せに生きる人がいて、その人たちが、〝一般的〟な考え方と視野をもったほうがいいよ、より良いものになるよと考えるのは間違っている気がしました。

人一倍の苦悩や悲しみ、ささいな出来事への期待や喜び。その年齢にしては、純粋すぎるとも言える感じ方、考え方は、生きたぶんだけ重みがあって美しさがある。恋愛、結婚においても、それは変わらない。この研究を通して、そのことを深く感じました。

なお、彼女の音楽はプロ並み。インディーズＣＤの全国デビューを果たした、めっぽう明るいシンガーであり、ソングライターでもある。ご結婚をされ、明るさにも磨きがかかっている。ときどき、幸せそうな話を聞かせてくれるけど、その向こうにインタビューに答えてくれた、障害のある女性たちの姿を垣間見る思いがする。

7. 時代を乗り越える権利

今更のように断るのだけれど、卒業研究には数多く関わってきた。そのどれもが貴重で、忘れがたい記憶である。今回紹介した数点が特に優れているという選択ではない。最初に書いた「現代を生きる若者の苦難」という観点で慎重に選んだものだ。

これらの研究を読み終えての感想を書くとすれば、「私たちは若者を信じなくてはいけない」という感慨である。

どの時代でも、古い世代は新しい世代に対して不満をもってきた。現代日本社会でも、若者への批判めいた口吻はよく聞く。特に、現代の特徴は、古い世代が「私たちの方が進歩的だった」と自認している点であろう。

社会の諸矛盾に立ち向かってきた。困難を切り開いてきた。お金や名声のためではなく、正義のために戦ってきた。「ところが、今の若者は……」と続く台詞を聞くことが多い。それは保守政治家が「ニートなんか、軍隊に入れればしっかりするんだ」とうそぶくような破壊的言動だけでなく、進歩的とされる人々の間で聞かれることがある。

確かに、戦後の民主主義発展のために戦った人々の苦難と到達は、歴史に明晰に記録されるべき価値をもっているし、現時点でも、その人たちが各戦線で戦い続けていることを深い敬意をもって知っている。私もその一員であろうと生きてきた。

しかし、「私たちの後に続け」と言ってはならないように思う。「私たちが歩いてきた、この場所から君たちは歩くべきだ」と言ってはならない。

若者には時代を乗り越える権利がある。それは、彼らが経験した苦難から、彼ら自身が何を学ぶか、それが起点となるだろう。「先輩が築き上げてきたものをどう継承するのか」だけではない価値。若者はそれをもっている。

言うまでもないことだが、社会は人間がつくる。そして、社会を変えるのも人間であり、ほとんどの場合、その担い手は若者である。学生たちから私はそれを学んだ。

注

1)「きょうだい児」とは、障害のある子どもの兄弟姉妹を呼ぶ。単に「きょうだい」としたり、成人してから「きょうだい者」と呼ぶこともあるようだが、ここではきょうだい児とする。

2)NHK、ハートネットTV「ハートをつなごう　きょうだい～障害のある人たちの兄弟姉妹～」、2013年1月11日放送

3)田中智子「きょうだいの立場から照射する障害者のいる家族の生活問題」障害者問題研究第40巻第3号、2012年。障害児家族の困難について、田中さんは多くの論考を書いていて、学ぶところが深い。

4)季刊SEXUALITY №77、エイデル研究所、2016年、120～127頁

5)「雨降りお月さん」野口雨情作詞、中山晋平作曲、大正14年

第2章　附属特別支援学校にて

1. 校長になってしまった

鳥取大学に職を得てからしばらくして、「附属特別支援学校の学校長になってください」との職命を受けました。私が現職教員だった頃は、教職員組合運動に熱心だったので、管理職への登用などは声もかからなかったし、当方にもそんな気持ちはありませんでした。校長室に行くとすれば、分会の校長交渉か、逆に、校長から注意を受ける（反論をしましたが）かのいずれかであって、校長室の住人になることがあろうとは思いもしませんでした。

附属校の校長は、大学の先生方には人気のある仕事とは言えません。だいたい、大学での授業はそのままありますし、学部の卒論指導、大学院生の修論指導も同じようにあります。大学の会議は少し減りますが、その分、附属での会議はどーんと増えます。行事にも参加しますし、附属校の研究活動もおろそかにできません。ＰＴＡも大事だし、教職員人事という頭の痛い仕事もあります。

要するに、忙しくなるのです。

大学の先生は「研究をしたくてたまらない人たち」ですので、こんな仕事はしたくない。まあ、そんなものかなあ、と思います。「特別支援学校の勤務経験があるのだから、三木先生、ぜひお願いします」と意を尽くして依頼されると断ることはできませんでした。

そういう経過で、どうも落ち着かない座り心地で校長室のイスに座ることになりました。


諸先輩から「入学式のモーニングを用意するように」との助言をいただき、その他にはこれというアドバイスもない中、附属特別支援学校に赴きました。

学校に着くと教職員があれこれと教えてくれます。学校経営方針、これは校長が決済する、年間行事計画、これはみんなで検討する、個別の指導計画は……、など、私にとっては昔なじみの諸帳簿がずらりで、なんとなく、「現場に帰った実感」というやつです。

「校長先生、入学式の式辞、準備してくださいよ」

そりゃ、知っている。ちゃんと奉書に書いた。じゃない、印刷した。

「校長先生、入学式の前日に始業式があります。そこでもあいさつしてくださいね」

そうだった。始業式でも校長のあいさつはあるのだ。あいさつのオンパレード。次々と考えなくちゃ、ということで、初めての始業式、私はこんなあいさつをしました。

「みなさん。今度、校長先生になりました三木裕和といいます。どうぞ、よろしくお願いします。私は見ての通り、太っています。食べ過ぎです。困っています。みなさんと一緒に活動したいのですが、こんなに太っていては思うように動けません。やせようと思いまして、4月1日から、毎朝、ラジオ体操をすることにしました。

(オイチニ、サンシ、と体操のまねをする)

ああ、でも、くたびれてしまって、三日目でやめてしまいました。

さて、このように、志を立てて、すぐにやめてしまうこと、なんて言うか知っていますか。

(生徒の一人が、すかさず「みっかぼうず!」と答える)

そう、三日坊主と言います。みんなも覚えましょう。せーの
(「みっかぼーず!」)

(この校長は何を教えるんだろうと、教職員はいぶかしむ様子)

ところで、今朝、新聞を読んでいたら、こんなことが書いてありました。4月の初めは三日坊主の多い季節です。何かよいことを始めようとして、続かない季節です。でも、三日坊主になった人も、4日目からもう一度始めたらいいじゃないですか。再チャレンジの季節にしましょう。

校長先生は、朝のラジオ体操、再チャレンジします。みなさんも、うまくいかないことがあっ

てもあきらめず、再チャレンジしましょう」

こんなあいさつです。

実は、これには少し下心がありまして、子どもの誰かが聞いてくれないかなあ、と期待していたのです。

「校長先生、ラジオ体操は、その後、いかがですか」と。

その日がなかなか訪れないまま、4月下旬のある日。

附属の職員朝礼が終わり、子どもたちの登校を正門で待っていました。ちょっとくたびれたので、ベンチに座って「オハヨー」と、あまり行儀のよくないあいさつをしていたとき、バスがやってきました。

たくさんの子どもたちが降りてくる。その列の最後にUさんがいました。

高等部の女子生徒で、いつもは明るい方ですが、時に「ご機嫌斜め」もあります。今日は後者なのが遠目にもわかりました。鞄を小脇に抱えて、目線は下。歩くスピードはけっこう速い。その速度のまま進んできて、私が座るベンチの脇でツッと停まりました。

そして、顔をこちらに向けるでもなく、Uさんはボソッと言いました。

「ラジオ体操、してる?」

この日、私は運良く体操をしていました。

「うん……、してるよ」

すると、Uさんはそのままの姿勢で、

「……そう」と返し、校舎に入っていきました。


同業者ならわかってくれると思うのですが、この日のUさんの口調には「心配している感じ」、もしくは「いたわりの心情」がこもっていました。

何かにつけて失敗が多く、それを本人が一番気に病んでいる。「私はダメなんです」と言う。そんなUさん。ラジオ体操がうまく続かない校長のことを気にかけて、質問してくれた。一見、つっけんどんな、その態度にほのかな優しさがにじんでいました。

そうそう、学校って、こんな所だった。

普段は子どもを指導し励ます側の教師が、時々、子どもに励まされ、許され、認められる。これがあるから、学校の先生はやめられない。それを思い出しました。

2.「ラジオ体操、してる?」

数か月後、高等部の現場実習が始まりました。Uさんはおせんべい工場です。

一つ心配だったのは、彼女が食べ物の誘惑に弱いこと。これは「我慢」の問題ではなく、障害との関係が深いもので、本人に責任があるとは言えない繊細な問題でした。

実習が始まり、数日がたったある日。放課後に附属を訪れた私は、会議に引き入れられました。どうしたの？　と聞く私に、先生たちの語るところによれば、
おせんべい工場で、（フンフン、おせんべい工場で？）

Uさんが、（ハイハイ、Uさんが？）

おせんべいを、（おせんべいを⁉）

つまみぐいしてしまいました。（つまみぐい！　やったね‼）

あはは、と笑う私をたしなめるように、どうしたものでしょうか、と先生たちがたずねました。

そうですね。工場には丁重にお詫びをして、必要なお支払いをしましょう。

本人には「人のものは、紙一枚でも取ったらだめ」と教えましょう。

ご家族には事情を説明し、「指導は学校でしますので、お家では叱らないでください」と伝えましょう。

ところで、何があったのです？　と半ばおもしろそうにたずねる私に、先生たちは教えてくれました。

せんべいの数を数えて、袋に入れ、袋の口を縛る。それがUさんの仕事。その作業中に、どうしても我慢ができなくて、つい、パリンと。一日の仕事が終わる頃、イスの下には食べかすが落ちていて、ばれちゃったらしい。

そうか、かわいそうなことだったなあ。

食べたくてしかたない中で作業するUさんを想像しました。

数日後、実習が終わり、バスで登校した日。Uさんはとてもしょぼくれていて、声をかけることもできませんでした。この日、私はUさんの笑顔を見ることはありませんでした。


さらに何か月かたって、夏休み。

附属では大きな納涼祭があります。全校生、卒業生、家族も地域の人も集まります。カラオケがあり、ビンゴがあり、いっぱいの食べ物もあり、全員参加のダンスもあります。

その賑やかなダンスが終わって、私がベンチに腰掛けていると、Uさんがやってきて私の隣に座りました。そして、私の方を見もしないでたずねました。

「ラジオ体操、してる?」

この頃、もう、私はラジオ体操をしていませんでした。

「ラジオ体操してないんだ。ウソつくつもりはなかったんだけど、くたびれてしまって。ごめんね」

すると、Uさんは、私の方を見て、うれしそうにこう言いました。

「人生は、思うようにいかないからね」

現在、Uさんは福祉事業所で働いています。鳥取大学の学生と見学に行ったとき、「附属の卒業生です」と顔を真っ赤にして自己紹介していました。「仕事をよくしてくれます。働き頭です」と上司が紹介してくれましたが、無理をしていないか、心配です。「ときどき、お菓子をつまみぐいするんです」と言ってくれた方が、むしろ安心する。そんな気持ちでした。

3. 学校とは何かを考えてしまう

学校長のあいさつで大切なのは入学式と卒業式です。

子どもや家族にとって人生の節目です。お祝いの日にふさわしい、めでたいごあいさつをしたい。やたらと説教めいたあいさつは私の柄でないので、自分が経験したおもしろいこと、悲しいことなどを話そうと思っていました。

ある年、入学式の式辞を考えていて、次のような準備草稿を書きました。

今年の冬は暖かく、雪も少なかったのですが、私は旅先で思わぬ大雪に出会いました。

雪道を一人、がまんして歩き続けました。横なぐりの雪が顔に当たり、寒くて寒くて悲しい気持ちになりました。そのとき、ふと、幼い頃にこうやって雪道を歩いたなあ、という記憶がよみがえったのです。

保育園に通う道すがら、雪が降ると、親戚のおばあちゃんが一緒に歩いてくれた記憶です。とても優しいおばあちゃんでした。励ましの声をかけてもらいながら、一緒に歩きました。もう歩けないよと言うと、仕方ないなあと言っておんぶをしてくれたものです。

私が今、一人で雪道を歩くとき、おばあちゃんの記憶が私を励ましているように思います。たった一人で困難に向き合うとしても、私たちは心の中に大切な誰かを思い出し、その人と一緒に何とか頑張る。そんな気がします。

幼い頃、私はこの親戚のおばあちゃん家にお世話になることが多かったです。共稼ぎの両親に代わり、おばあちゃんが保育園の送り迎えをしてくれました。登園に付き添ってもらい、園から帰った後も夕刻までおばあちゃん家で過ごしました。

おばあちゃん家はお年寄りばかりの所帯でしたので、幼かった私はよくかわいがってもらいました。お菓子を食べたり、本を読んだりして、自由に過ごしました。少々のわがままも許してもらえて、私はたいへん居心地がよく、小学校低学年まではそんな生活が続いたと思います。

ある日、おばあちゃん家に警察の人がやってきました。手帳でメモをとりながら、おばあちゃんに怖い顔であれこれと質問をするのです。私は怯えました。後で聞いたところ、家の壁に貼ってあるポスターが選挙違反をしているということで、その事情聴取だったんです。

おばあちゃんは「私は何も知らない、誰がどうしてそんなものを貼ったのか、まったく知らない」

とおどおどした様子で答えました。事情はなかなか明らかにならず、警察の人は業を煮やした感じで、「仕方がない、また出直すから、この書類に名前を書きなさい」と紙を差し出しました。おばあちゃんは紙をしばらく見つめ、そして私に渡しました。

「なんて書いてあるか、ひろかず、わかるか」

私はその時、初めて知りました。おばあちゃんは字が読めない。

小学校低学年だった私は懸命に読もうとしましたが、難しくてわかりませんでした。おばあちゃんは仕方がないとあきらめ、しぶしぶ署名欄に名前を書きました。自分の名前だけは何とか書けるという感じで、たどたどしい文字だったのを私は覚えています。

おばあちゃんは明治18年生まれ。就学年齢の明治24年、義務教育就学率は55%程度でした。その後、就学率は飛躍的に向上しますが、しかし、おばあちゃんは学校に行けていなかったようです。女性の就学率は男性に比べてかなり低かったし、田舎生まれの田舎育ちということも大きかったようです。

毎日学校に通う私を、本当にうれしそうに見守ってくれました。おばあちゃん家にある本、それは主婦向けの雑誌ばかりで、私には興味を引くものではなかったですが、それを読め読めと勧めてくれたことも覚えています。

おばあちゃんが署名した文書は選挙違反を認める旨の書類であり、そのせいで、おばあちゃんはかなり嫌な思いを、後々していています。ことあるごとに、学校に行きなさい、しっかり勉強しなさい、と言っていたおばあちゃんの本当の気持ちが、今になって分かるような気がします。

ここまで書いた草稿を、ある人に読み聞かせたところ、その人は意外な感想をもらしました。
「学校に行かなくても、おばあちゃんみたいに優しい人格は育つんだ。現代の学校教育は、むしろ、その優しさを壊すんだっていう話になるのですか」

私はあきれました。入学式の式辞に、学校長がそんなことを言うわけがないじゃないか。何はともあれ、お祝いの席だぞ。

でも、この皮肉混じりの感想は妙に深く心に残りました。本当にそうかもしれない。学校なんてない方がいい。少なくとも、そう思っている人はたくさんいるはずだ。

でも、おばあちゃん（ハマという名でした）が生きていたら、きっと学校に行きたかったと言うに違いない。

私は、草稿を以下のように続けました。

学校。

字を読み、本を読めるようになります。声や表情で、自分の気持ちや考えを伝えられるようになります。歌を覚えたり、運動をしたり、絵を描いたりもします。友達と遊んだり、けんかしたり、仲直りしたりできます。先生を信頼し、信頼され、自信を持って社会で生きていけるようになります。

人間としての豊かな可能性を広げる学校にしたい。そう思っています。

みなさんの前に、学校が門戸を大きく開き、ここで過ごす日々が喜びと希望に満ち、みなさんの人生を深く励ますものとなることを心より願っています。

4. 式辞

（これは別の年、校長として初めて書いた入学式式辞です。）

遠く、中国山地を白く染めていた雪がとけ、野原にオオイヌノフグリが咲き、私たちの大地に春がやってきました。湖山池の桜は風に吹かれ、幾何学模様を描きながら、大空に向かって流れ飛んでいます。その下には、瑞々しい若葉が顔を覗かせています。

今日のこのよき日に、多くのお客様をお迎えし、笑顔の保護者の皆様に囲まれ、鳥取大学附属特別支援学校入学式を迎えられることを、心から喜び合いたいと思います。

入学生の皆さん。ご入学おめでとうございます。

本校のすべての教職員、在校生を代表して、心からの祝福と歓迎のあいさつを申し上げます。

今日から始まる毎日を、一日一日、ともにすごしていきましょう。

さて、私は、この季節、春になると決まって思い出す出来事があります。

それは、もう何十年も昔のことです。

兵庫県の田舎町に育ち、18歳になった私は、その年の春、大学に入りたいなあと思っていて、たくさんの大学を受験しました。しかし、全部、不合格になってしまいました。落っこちたのです。でも、このまま、古里に住み続けることに何の計画もありませんでした。とりあえずは、神戸の町に出ることになりました。

まずは安いアパートでも探しましょうと、私はお母さんにお願いをして、一緒に神戸の町まで出てもらいました。勉強のできない世間知らずの若者と、「まあ、それも仕方のないことだ」とあきらめてくれる田舎者の母親。そんな二人連れでした。

で、実際に行ってみてびっくり、大都会は本当にすごかったです。まるでお祭りのようだという人もありますが、そんなもんじゃない。私の町のお祭りはあんなに賑やかではありません。押し寄せるような人並みと、ひっきりなしの大きな音にびっくりしながら、でも、母親はメモやら地図やらを出しました。知り合いのおうちを訪ねようとしていたのです。

「バスに乗るよ」と母は言い、停留所に二人で並んで立ちました。ほどなくして、バスがやってきました。大きなバスは私たちの目の前で停まり、ドアがパタンと開いて、運転手の顔が見えました。

母は「これに乗るんやで」と言い、私は勢い込んで乗ろうとしました。そのときです。運転手さんが、私に向かってこう言ったのです。

「後ろから乗ってください」

私は何のことなのかわからず、少し考えました。そうか、都会のバスは後ろ向きに乗るのだと思いました。そして、その場でクルリと向きを変え、おしりの方からバスに乗ろうとしました。バスの乗り口は段差が高く、後ろ向きに乗るのはひと苦労でした。それを見て、運転手さんはやさしく、こう言ってくれました。

「お客さん、そうじゃなくて、後ろのドアから乗ってほしんですよ」

私は、目から火が出るほど恥ずかしい気持ちでバスに乗り込みました。


その日、私たちはさんざんでした。母の知り合いはそう親切でもなく、借りたアパートは不便な場所にある上に、とっても怖いおじさんが住んでいました。

ずいぶん疲れて三宮駅にたどり着き、帰りの汽車を待つ間、私は駅前の美味しそうなトンカツ屋さんを見つけ、「とんかつを食べてみたい」と言いました。母もおなかが空いていたらしく、一緒に店に入りましたが、なにぶん、トンカツの食べ方もよくわからず、どこにソースがあるかも知らなくて、何もかかっていないトンカツを二人してムシャムシャと食べました。帰りの汽車の中で、「あれはソースをかけたらきっとおいしいはずだ」と母が言ったことを、今でもくっきりと思い出します。


さて、みなさん。

私は、この出来事を、今どう思っていると思いますか。

この日のことを思い出すたびに、私はこう思います。

楽しかったなあ、あの日。

おもしろかったなあ、あの頃。

なにもかもうまくいかず、未熟で、弱かったあの頃。

でも、新しい扉を開けようとしていました。振り返ってみると、若くて、未熟で、何もできない頃は、人生の華です。いちばん輝いているときです。

本日入学されたみなさん。みなさんは今、そういう時を、生きています。

時に苦しかったり、つらかったり、悲しかったりするのは、新しい世界に踏み出そうとしている証拠です。失敗するのは、挑戦しているからこそです。

遠い将来、みなさんが、今日の日を思い出すとき、きっとこう思うはずです。

あの頃は、ホントに楽しかったなあ。

みなさんの前には在校生がいます。一緒に、新しい世界に踏み出しましょう。この学校の先生達もきっと応援し、助けてくれるはずです。

みなさんのこれからの生活では、バスを後ろ向きに乗るような失敗があり、それ以上のスカタンも待っています。ワクワクするではありませんか。

さあ、人生のいちばん輝いている時を一緒に過ごしましょう。

保護者の皆様、本日はまことにおめでとうございます。お子様のご成長を心からお祝い申し上げます。この日をお迎えになるまで、いつも平坦な道ばかりではなかったことと拝察いたします。私たちはそれをよく承知し、力強い応援団になりたいと心から願っています。

ご来賓のみなさま、この子達とその家族、そして、私達の歩みをどうか暖かくお見守りいただきますよう、お願い申し上げる次第でございます。

意を尽くしませんが、これをもちまして式辞と致します。

平成二十八年四月十一日

鳥取大学附属特別支援学校長　三木裕和

第3章

障害児教育の価値

映画「たそがれ清兵衛」の一場面。貧しい下級武士の家庭。夜。虫籠づくりの内職をする清兵衛。娘、萱野（10歳）が論語を素読している。[1)]

清兵衛「今詠んでいるのは論語ではねえか……いつからそれを始めたよ」

萱野「先月の終わりから……。お師匠はんが、これからは、おなごも学問しねばだめだっておっしゃったの」

清兵衛「それはええことだ。おれも子供の頃何度も何度も読んださけ、なつかしの」

（しばらくの間）

萱野「お父はん……、仕事習って上手になれば、いつかは着物や浴衣が縫えるようになるだろ……、だば、学問したら何の役にたつんだろう」

清兵衛「うーん、学問は、針仕事のようには役たたねえかものう」

（しばらくの間）

「いいか、萱野、学問しれば、自分の頭でものを考えることができるようになる。考える力がつく。この先世の中どう変わっても、考える力持ってれば、なんとかして生きて行くこともできる。これは男もおなっこも同じことだ。わかるか」

萱野「はい。曽子曰く、吾日に三たび吾が身を省みる。人のために謀って而して忠ならざるか…」

1．教育におけるエビデンス

以前、医療関係のシンポジウムに、重症児教育の立場から出席しました。

席上、エビデンスの重要性について話題になりました。流行のことば、エイビデンス。医療においてはエビデンスはとっても大事だ、という展開になるだろうと思ったのですが、そうではありませんでした。

ある著名な理学療法士がこう語ったのです。

「若い理学療法士に、聞かれたんですよ。重症心身障害病棟に勤めているのですが、夜間、ベッドで寝ている重症児の体位交換の有効性について、エビデンスとなるような研究論文はありませんか。データで根拠を示すことができれば、病棟職員にも、ほら、呼吸状態がこんなに改善するんですよと言える。つらい夜勤でも、子どもたちの姿勢変換をしてもらえると思うんです。教えてください。

それで、私は立腹して、こう言いました。

論文がなければ、報告がなければ、体位交換はしなくていいのか。いや、そういう研究結果はあるよ。体位交換した方が呼吸状態にはいい。でも、例えば、70％の子どもの呼吸状態がよくなったという結果だったとして、じゃ、後の30％の子は体位交換しなくていいのか。

エビデンスがあろうがなかろうが、人間が人間に対してしなくちゃならないことに変わりはないだろう。寝返りのできない子どもに対して、姿勢を変えてあげるのは、人として当たり前のことだろう、と怒ったんです」

そして、この理学療法士は私の方をくるっと向いて、こう続けました。

「ねえ、そうでしょう。教育なんて、ほとんどそうじゃないですか。エビデンスがあろうがなかろうが、子どもたちには心を込めて、おはようとあいさつする。みんなで歌を歌えば楽しいと信じて音楽をするんでしょ。これをしたから、子どもはこう変わるという証拠なんか、ない。もちろん、優しい歌を歌えば、きれいな氷の結晶ができるというようなヘンテコな理屈ならエビデンスも必要でしょうけど」

私は、そう、そう、とうなずくだけだったけど、胸のすく思いをしました。ホントに彼の言うとおりです。

現在、教育の世界でも、エビデンスを出せ、証拠を見せろとうるさい。

教育実践を実際に担っている先生方からではなく、いわゆる「科学者」からの声が大きい。「その教育実践には再現性があるのか」「その事例だけでは言えない」授業の中で発見した事実を報告すると、必ずこういう反論があります。主観的な印象論だという冷笑です。

しかし、ここで求められているエビデンスとは何でしょうか。何度でも再現できる「科学性」とは何でしょうか。そもそも、医学も心理学も教育実践も、同じ物差しで検証していいのでしょうか。宇宙物理学者の池内了さんは『疑似科学入門』[2)]で、いわゆる科学性が得意とするフィールドと、そうでないフィールドがあるとして、その事情をていねいに解説してくれます。

「現代科学には、有効性を発揮している得意な分野ばかりでなく、明確な判断を直ちには下せない不得意な分野がある。

前者は、人工衛星や電子の運動など、系が単純なため理想状態を扱える場合で、確立した物理学の法則をそのまま適用することができる。だから、ロケットや加速器など巨大な装置であっても間違いなく動かすことができる。(中略)

他方、後者は、気候や気候変動、環境問題や生態系など、系を構成する要素が数多くあり、それぞれの要素が複雑に絡み合っていて解きほぐすことができなかったり、集団として新しい運動が発生したりするため、各要素を理想状態として単独で取り出すことが不可能な場合である」

「最も身近で最も解決が困難な複雑系は人間である。脳や体の機能や遺伝形質など、物質系としての複雑さもあるが、『心』を持ち、それがさまざまにゆらぎ、その上肉体に影響を与える（逆に肉体は『心』に影響を与える）という意味で、通常の無機的自然とは大きく異なった複雑さをもっている。」

現代科学が得意な分野、例えば、宇宙物理学では、同じ条件であれば再現性が認められる。だから、月に人を運ぶことだってできるのです。しかし、同じ自然科学であっても、気象などはそうはいかない。多様な要因のわずかな変化が、後々大きな影響をもたらすので、再現性が認めにくい。台風の進路など、その予測は極めて難しいとされます。そういえば、映画「ジュラシックパーク」で、マルコム博士が水滴の流れる進路は予測不可能であり、「未来のことは予測できない」とするカオス理論を説明するシーンがあったことを思い出します。

その上、池内さんは、最も予測困難な複雑系として人間をあげ、その理由に心が存在するからと言います。

エビデンスを声高く求める方々にわかってほしいのは、「再現性が保障される科学は限られている」ということです。教育など、人間を対象とする実践はその結果をコントロールすることが最も難しい分野なのです。

もちろん、再現性が認められる実践もあるでしょう。例えば、グラウンドを走るトレーニングにおいて、1周するごとにシールを貼って称賛する指導法と、そういう工夫をしない方法では結果は違うか。それは、おそらく明瞭に「強化子」のある方が行動変容を促すでしょう。しかし、それはそれだけのお話です。

その運動が、本人にとって本当に喜びになっているのか。また、やってみたいと思える、そんな内面過程があるのか。先生や友達との情動的共感が形成され、集団的な運動経験への志向につながるのか。つまり、教育的価値につながるトレーニングなのかどうか。

そういう要素を一切顧みないところにしか、この「再現性」の価値は成立しない。

典型的には、自閉症児への取り組みです。ここで珍重されるエビデンスはそのすべてが行動変容に関わるものであって、心に働きかける要素は、最初から省かれています。心の存在そのものを射程に入れない。心が影響を受ける要素を用心深く取り除きます。

どのような条件で、どのような働きかけを行えば行動を変容させることができるか。それを問う「科学性」が珍重され、行動の社会適応のみが教育目標となります。その枠外に収まらない実践を主観論、印象論、非科学として排斥する傾向が見られます。

これは科学の衣をかぶってはいますが、自分たちの得意なフィールドのみに価値があるとする頑なな態度です。科学を狭い範囲でのみ認め、その多様性や豊かさを認めない「科学性」は実践を支えるものにはなりません

この問題は、仮説の検証や予測を行うことを目的とする「量的研究」と、現象を理解、解釈し、

仮説で説明しようとする「質的研究」の違いとも言えますが、人間を対象とする教育などの領域において、量的研究のみに価値を置く場合、そこで説明可能なことは人間の行動マネージメントなど、ごく限られたものであって、しかも、そこには教育的価値そのものが不問に付される危険があるのです。

私たちが求めているのは、「人が人に関わるときに、エイビデンスがあろうがなかろうが、そうせざるを得ない何か」についての研究なのです。

2. PISAへの批判――公開書簡

第1部で、かなりのページを割いて検討してきたOECDのPISAですが、これに対する痛烈な批判が存在します。それは、2014年4月、PISAの責任者であるシュライヒャー博士に宛てて出された公開書簡です。著名な教育学者の連名で作成されたもので、ご存じの方も多くあろうと思います。月刊誌「クレスコ」2014年11月号に全訳文が掲載されています。[3)]

書簡は「今年で13年目を迎えるPISAは、15歳の生徒の数学、科学、読解力を計測することでOECD諸国並びに非加盟国を順位づける道具として世界中に知られています。政府や教育担当大臣、新聞の論説委員会は、3年ごとに行われる調査の結果に神経をとがらせ、その内容は数多くの政策文書に権威をもつものとして引用されています。PISAの結果は、多くの国々で、教育現場に強い影響をもたらすようになりました。」と始まり、このＰＩＳＡショックが教育に否定的影響を与えていると警告します。

標準化された共通学力テストの流れを加速させ、量的に計測されるものへの依存度を劇的に高め、生徒、教師、学校管理職をも順位づけるようになったこと。

3年ごとの実施のため、加盟国がすぐに順位を上げられるような短期的制度変更に走ること。

計測できない、身体的、道徳的、市民的、芸術的な発達に関心が向きにくいこと。

経済開発へのバイアスがあること。

ＯＥＣＤは、国連の機関と異なり、明確で正当な権限をもたないこと。

営利企業の利益につながっていること。

多くの時間が選択式のテスト対策に割かれ、「業者」製の授業内容が増え、教師の自主性が奪われたこと、などの問題を指摘しています。

改善策として、1．順位表に代わるものを開発すること、2．関係者や学識経験者が幅広く関与できる余地をつくること、3．評価の方法や基準をつくる際、公教育の経済的側面をこえて、生徒や教師の健康、人間的発達、福祉、幸福に関連する役割を担う国の機関や国際機関を含めること、4．このテストに使われる何億円もの費用について慎重に検討し、テストへの参加を継続するか否かを決定できるように、直接的、間接的コストを公表すること、などを提案しています。

この公開書簡は、一読すれば、ホントにその通りと膝を打って同意したくなることばかりですが、ＰＩＳＡはそのスタート時点から多くの疑問が出されていたのです。例えば、恒吉僚子さんはすでに２００６年の論文で、先行研究を引きながら次のような問題を指摘しています。[4)]

ＰＩＳＡの点数を経済競争力と結びつけるのは、実は根拠がないこと。

学力獲得のプロセスが抜け落ち、学力形成のＨＯＷが不明であること。

カリキュラムが異なる国を比較することに無理があること。

テストの点数を上げられない学校、生徒への「容赦ない」改革の根拠とされること。

貧困など、教師の力の及ばない社会的課題があること。

数学的リテラシーの点数が低くても、世界的数学者を輩出する国があること。

結果には、中産階級など、有利なバイアスが作用すること。

「つめこみ」と評される東アジア諸国が、問題解決能力も高いという矛盾が見られること。

このような真っ当な批判に耳を貸さないわが国の文部行政。ＰＩＳＡ呪縛から解き放たれる様子が見られないのは、本当に残念なことです。

3. なぜ学ぶのか

ＰＩＳＡに代表される人材開発型の教育。それを支える狭い意味での「科学性」。

インクルーシブ教育の看板のもと、それらの能力観が、ほとんど吟味されることなく障害児教育に流入し、一方で、「知的障害児は系統的、抽象的な学習は難しいので、実用的な教材を繰り返し体験すべきだ」との指導が幅をきかせています。

障害のある子どもも、ない子どもも、すべての子どもを前提とした教育理念、能力観が求められています。

以下、数点にわたって、「私たちはなぜ学ぶのか」について考えてみます。

(1) なぜ学ぶのか。そこに「わかる喜び」があるからだ

学校教育の中心的価値は「わかる喜び」にあります。

筆者がかつて担任した重症心身障害児教育においても、子どもたちが何かをわかるようになる瞬間とそれに至るプロセスには、確かに「学ぶ価値」が存在しました。

人形劇「さんびきのこぶた」の鑑賞に取り組んだときのこと。

運動障害が重く、知的発達が1歳半のキョウちゃんの様子です。オオカミが小ブタの家をトントンとノックし、戸外におびき出そうとする。そのとき、オオカミは木の陰に潜んで小ブタをねらうのですが、当の小ブタはそれを知りません。

危険が迫っている。あぶないよーと言いたい気持になる。そのとき、キョウちゃんはそっと目をそらし、近くにいる職員に「オオカミが来るよー」と言いたげな表情でした。人形劇が楽しい

から、そちらをしっかり見るとは限らない。わかるからこそ、目をそらし、信頼できる人に危機を伝える。

興味深かったのは、オオカミが隠れるシーンです。通常、サリーとアンの実験は4歳半頃にならないと通過しない課題ですので、私たちの子どもがその面白さを味わっていたと言い張るにはちょっと無理がありますが、しかし、その端緒のような心の動きを感じるのです。オオカミが隠れると声を上げる子がいる。その声は大きく、感情がこもっているように思いました。

心理学的検討は専門家に譲るとしても、授業の中で予期しなかった発展があり、子どもの期待や希望を感じる瞬間は実践家には喜びです。

「この子、こんなことがわかるんだ」という発見でした。

ドタバタの人形劇が終わり、チョンチョンの拍子木が鳴り、みんなで寝転んでシーツバルーンで落ち着く時間に、キョウちゃんは満足そうな笑顔を浮かべていました。

重症児の教育においては、その医療的ニーズが重視され、いきおい、機能訓練やリハビリが中心課題とされがちです。もちろん、それはとても大切な課題です。しかし、障害の重い子どもたちにあっても、教材の価値を理解し、内面化し、情動的な高揚感を感じ、ああ、楽しかったと受け止める力が存在するのです。

そのプロセスにこそ価値があります。

「わかっていく喜び」に価値があります。能力獲得が学校教育の中心的価値と思われがちですが、それは「わかる喜び」に支えられてこそ、本当の価値となります。

(2)「わかる喜び」を支えるのは、教材の教育的価値である

子どもたちの「わかる喜び」を支えるのは、教材の教育的価値です。もちろん、「わかる喜び」には先生や友達との情動的交流が不可欠ですが、しかし、最も大切なものは、学ぶに足る価値ある教材、教育内容です。

私が鳥取大学に勤めていたとき、附属特別支援学校高等部の学習支援ボランティアを継続し、それを卒業研究にまとめた女子学生がいました。[5)]

高等部の学習支援をしながら、ある不思議な出来事に気づき、ゼミで報告しました。

「買い物の学習場面です。230円の支払いをする。そのとき、100円玉も10円玉も手元にたくさんあれば、ちゃんと100円玉2枚、10円玉3枚の支払いができます。ところが、100円玉ばかりしか手元にないとき、100円玉3枚を払う、ということができないのです。おおよその数の把握が難しいようです。」

調べてみると、概数の学習は小学校4年生。9、10歳の発達的節目を前提とした学習なのだということがわかりました。「だいたいの数」「ざっくりと300円を払えばいいよ」と気軽に言いがちですが、軽度知的障害のある青年にとって簡単ではなかったのです。

生徒たちは、概数をどのように把握しているのか。学生はそれを調べました。すると、不思議

なことがわかったのです。

「300円くらいは何円から何円までですか」という問いを立て、数直線を用いて、生徒の認識を聞きました。すると、

Aさん：270円から315円
Bさん：300円以内
Cさん：200円から310円
Dさん：200円から310円
Fさん：225円から310円

となり、多くの生徒が、概数の幅を「下限は広く、上限を狭く取る」傾向が認められたのです。

Eさん：300円ぴったり
G：250円から350円

と、ほぼ正答を言う生徒もありましたが、概数把握のこの特徴は、このクラスでは多数派でした。

実際の買い物場面を設定すると、さらにこの傾向は顕著となり、300円を超えることへの心理的抵抗がはっきりと見てとれました。「300円を超えると叱られる」と発言する生徒もありました。

学生は「設定金額を超えることに抵抗があるように感じた。決められた金額の中での買い物しか経験していない。それで、心理的な制約がかかりやすいのではないか」「知的障害のある生徒には、実生活で役に立つ題材、実生活に近い題材と言われるが、知的障害児には、むしろ、それに

心理的圧迫があるのかもしれない。すべてが悪いとは言わないが、実生活に近い題材は、現実世界での経験に強く引っ張られてしまうことに十分注意をしなければならない」と考えました。

実際に買い物場面の学習では、300円よりかなり安い買い物で終了し、これでいいとする女子生徒もいました。「だいたいの金額」=「概数の学習」ではなく、「生活場面で叱られない方法」に傾斜するのです。

学生は考えました。実際の買い物場面を想定させるより、ゲーム的虚構をつくったほうがいい。生徒本人に責任の及ばないゲーム場面の方がのびのび学習できるのではないか。

生徒一人ひとりに、ドラえもんのキャラクターから好きなものを選んでもらう。そのキャラクターになりきって買い物ゲームに臨むことにしました。

「1000円超えたらドボンゲーム!」は、買い物をくじで選ぶので、偶然の要素が強い。しかし、その合計が1000円を超えないよう、勝負する。

実際の買い物を前提とした事前学習ではない。あくまでゲーム的構成としたことで、生徒たちに変化が生まれました。

変化の一つは、前回授業を忘れていないということ。

商品の値段をよく覚えているということでした。「ゲームを使った学習は、生徒の記憶に残りやすいのではないか」と学生は記録しています。

もう一つの変化は、授業が終わった後もゲーム結果を話し合っており、「あの時、○○の札が出ていれば、1000円に近かったなあ」などのやりとりが続いていたそうです。その会話は概数にまつわるものでした。

卒論には「遊びながらも頭の中では知的な活動を行うことができた」「軽くからかうような場面も見られ、生徒が楽しく積極的に課題に取り組む姿が見られた」「みんな積極的に発言をし、楽しく活動に参加をしていた」などの観察が記録されています。

自閉症の生徒の中には、ゲームになじめず、不安を感じた生徒もいたようで、その留保もつけながらも、「虚構のキャラクターになることで、責任から逃れることができ、その分、積極的な参加が見られた」「現実世界での経験に強く引っ張られてしまう生徒がいたため、実生活に近い題材に取り組む際には、虚構の世界での学習が有効であると考えた」とまとめています。

軽度知的障害の生徒には実社会への適応的参加が求められやすい。

知的活動や抽象的思考の授業が軽視されることが多い。

しかし、彼らも知的存在であり、価値ある教材に出会えば、積極的、主体的に学習に参加するのです。教育的価値のない教材を他律的に強いて、それが社会参加の準備教育だと称するのは教育の反対物だといえます。

この学生が、「とっても楽しい授業でした！」とゼミで報告するとき、それは高等部の生徒たちの心情を代弁しているかのように、笑顔にあふれていました。

⑶集団への信頼が形成される

発達障害の子どもたちが、時にけんかを誘発し、強い暴言や暴力が生まれる。それが繰り返されると、指導上の大問題となります。けんかの場合は双方の意見や事情を聞き取り、大人の仲裁で仲直りをさせようとします。最後は握手をして、などの儀式的終点を迎えます。

それはそれで大切です。何もなかったように過ごすわけにはいきません。

しかし、仲直りをする一番のエネルギーは、「一緒に遊んだ楽しい記憶」なのです。あの時のうれしかった気持ち、自分が楽しくて、どうやら、あいつも楽しいらしいという経験。大切な記憶。それが心の中で再生され、「失いたくない友達」の存在に気づく。ふと仲直りをしてしまう。

それがホントの仲直りであって、理屈先行の仲直りは本物ではありません。正当な「裁定」がなされても、子どもの心に響くものは残りません。

人間への信頼、仲間との共同。授業はそれを形成する力をもっています。

自由時間の遊びももちろん大切ですが、人類の文化や科学、芸術、スポーツなどを仲間とともに学ぶことを通して信頼と共同が形成されます。

軽度知的障害児の授業です。[6)]

中学部、軽度知的障害の女子生徒。ガールズトークの絶えない、明るい子たちでした。「羊毛フェルトでコースター（コップ敷き）を作ろう」という授業。

私は知りませんでしたが、ふわふわした羊毛フェルトは所定の加工を施すとしっかりした不織布ができるらしい。「石けん水加工法」は工程に劇的変化もあり、手先の器用さも求められる。楽しそうな授業でした。

ふわふわ羊毛を丸いケーキ焼き型に敷き詰め、そこに石けん水（お湯）をかける。分量も難しい。お湯の温度が下がらないうちに押し固める。このあたりから、キャッキャと生徒たちの笑い声が起き始めました。麺棒で押し固める「ローリング」があり、フェルトにタオルを巻いて水分を取り除く。これがまた難しいらしく、生徒たちはお互いのようすを見返しながら、キャッキャを繰り返します。

高揚感の頂点は最後のアイロンがけでした。

アイロンで仕上げて形を整える。ここが山場です。先生は神妙な声で生徒に語ります。「アイロンをかけすぎたら絶対だめよ。焦げちゃいます。15。そう、15、数える間だけ、アイロンをかけるのよ！」。生徒たちに緊張が走ります。うまくできるかなあ、焦げちゃうかなあ。ためらいと期待の空気。

「まずはミッちゃんがやったら？」「えっ、私がやるのー？」のやりとりを経て、集団は盛り上がってきました。熱くなったアイロンをそっと押し当てました。すると、みんなが数を数え出します。

「イチ、ニ、サン、シ…」

数唱の声はおずおずと、しかし、だんだんと音量が増し、まるで合唱団のように大声になりました。「ジューイチ、ジューニ、ジューサン、ジューシ、…ジュー！、ゴー！」ミッちゃんがアイロンを持ち上げると、コースターが現れました。

キリッとした目詰まりに整えられ、質感もまるで変わっていました。ミッちゃんも仲間の子たちもうれしそうに声を上げました。「できたあー！」

とってもいい授業だったなあと私は思っていました。

何といっても、感情の盛り上がりと知的活動が手を取り合うようにして躍動していた。そこがよかった。物質の変化を発見する知性が、ハラハラドキドキの感情に支えられていました。

そして、この知的体験は仲間集団によって成し遂げられたものだと感じました。もし、仲間集団がなくて、ひとりぼっちでコースター作りをしたなら、この高揚感は訪れず、知的活動も成立しなかったに違いありません。

「仲間の脳を借りて、人は賢くなっていく。」

親しい教育学者が、そう言っていたのを思い出します。

私たちが真理に到達するには仲間集団が不可欠であり、その道程を通して、人間への信頼、共同を学んでいくのです。このプロセスは、真理到達のためのツールとして集団が必要というよりも、人格発達の中心をなすものとして重要なのです。

「『令和の日本型学校教育』の構築を目指して～全ての子供たちの可能性と引き出す、個別最適な学びと、協働的な学びの実現（答申）」（中央教育審議会、2021年1月26日）は、その表題にあるとおり、個別的学習と協働的学習のいずれもが大切と語ります。

しかし、丹念に読んでみると、「子供一人一人の学びを最大限に引き出す」ことには熱心で、具体的なイメージで説得的に語りますが、こと「協働的な学び」となると熱が入りません。

一定の成果を必要とする「修得主義」「学習の個性化」が強調されます。「Society5・0時代」「社会全体のデジタル化・オンライン化」「DX加速の必要性」など、「個別最適な学び」を後押しする情勢認識が幅をきかせており、「協働的な学び」の目的は「社会性を育む」という断り書きのみです。そういえば、「主体的・対話的で深い学び」などは、コロナ禍でどこに行ってしまったのでしょう。

現代日本の教育は多方面での危機が顕在化していますが、教育における集団の価値を軽視する傾向は、将来、大きなダメージを残すものと見ています。

(4) 文化とは何か

サル研究の書物[7)]を読むと、いろいろとおもしろいことが書いてあります。

研究者たちは「チンパンジーやニホンザルに文化はあるか」と自ら問い、「ある」と答えています。

例えば、チンパンジーの子どもは、「石器を用いたヤシの実割り」を獲得するのですが、それはだいたい4、5歳の頃だそうです。

まずは、母親やおばさんの実割りをそばでじっくり観察する。そして、その割りかすを拾って食べる。次に、落ちている物だけでなく親が割った物を即座に横取りする。その次は、自分でやろうとする。が、うまくいかない。だんだん上手になるけれども、要領が悪く、ままごと状態が続く。

最後に、自立的に実割りができるようになる。適切な種を選び、適切な台石に載せ、割り、食べられる箇所を選び取り、食べ、かすを掃き捨てる。

このプロセスはヒトの学習プロセスにとてもよく似ています。

子どものはつらつとした様子、能動性、試行錯誤、失敗経験。ただ効率よく成功に近づくとは限らず、試行錯誤の過程そのものに意味があるかのように楽しみます。

最も重要な点は、この試行錯誤で「学ぶ」ということです。

自らの遺伝情報に基づいて、ただ行うというわけではない。習得するのです。遺伝情報にはない知識・技術という意味から、これを「外部遺伝子」と呼ぶ人もあります。「チンパンジーやニホンザルに文化はある」と考える人たちは、この外部遺伝子を「文化」と呼んでいます。

科学、技術、芸術など、私たちの遺伝情報に内在されているとは限らないもの。人間集団によって経年的に外部に保存されたもの。人間らしい生活を営むために、生活の中心から端々に至るまで、それぞれの価値を有して存在するもの。それが文化です。

私たちが「学校教育は子どもたちに文化を伝える役割がある」という場合、この意味を込めています。

例えば、重症心身障害児は高い医療的ニーズがありますので、医療、福祉の知識や技術が不可欠ですが、彼らが必要とするものはそれだけにとどまりません。身体が苦しいときに慰め、励ます言葉をかけ、優しく触れ、抱っこし、頬を寄せる。この愛情の伝え方、それが文化です。不快感から解放され、気持ちよくなったときに、それを慈しむように歌う歌声。それも文化です。春の日差しでほんわかしたお布団。その上に寝転んでくつろぐ気持ちよさ。お布団を清潔に、安全に整える感性と技術も文化です。これらを総合的に保障する仲間集団の規律や感性も文化です。

文化と言えば、音楽、文学など、芸術をイメージしがちですが、学校教育が担うものとしての文化の概念はもっと広く、人類が営々とつないできた「外部遺伝子」を指します。内部遺伝子情報だけでは満たされない、豊かな人生を形づくるもの。伝えないと伝わらないものです。

重症児を例に挙げましたが、自閉症児の場合も同じです。

自閉症の学校教育がともすれば行動障害のみに着目し、その改善、社会的適応が強く志向されがちですが、それが教育のすべてではありません。コミュニケーションに困難があり、感覚過敏、こだわりがありながら、どう豊かに生きるのか。幸せな人生を送るための糧をどう体得するのか。授業の中で文化に触れ、内面化し、自己が変わっていく過程こそが学校教育になります。外部遺伝子、文化に出会うことで、生活、人生の質が変わっていく。教育はその役割を担っています。

第二びわこ学園の戸次《べっき》公明《こうめい》さん。１９６０年代に入所した人で、入所当時は激しい行動障害があり、集団参加が困難でした。他の保護者からは「同じ場所にいさせないで」と言われるほどの暴力もあったようです。それが、長い年月をかけて変わっていった。粘土の製作活動が彼を変えていったと言います。

最初の頃は、棒のようなオブジェだったものがだんだんと姿を整えていく。自分の思いをきちんと伝えられなかった戸次さんが柔らかい粘土に夢中になり、やり場のない怒りやいらだちの表情が少しずつ消えていきました。

糸賀一雄は、ドキュメント番組で語っています。[8]

「発達というのは、はえば立て、立てば歩めという『縦軸』の発達だけじゃなくて、横に豊かなものがいくらでも発達していくんだということ。それは何かというと、感情の世界を豊かにもっているということ。縦の発達だけじゃなくて、横の発達があるということに、私たちは希望をもつんですよ。」

「どんなハンディキャップがある人でも、物を作るっていうことが人間をつくることなんですね。そして作るということにおいて、非常な喜びと作り上げたんだという自信というかね、そういうものをもつことができるんですね。目が輝くわけなんです。」

戸次さんを救ったのは、文化の力でした。何かに働きかけ、対象を変化させ、その営為を通して自分自身を変えていく。文化の力。

私は戸次さんの粘土作品を一つ持っています。第二びわこ学園に見学に行ったときに、職員さんから「戸次さんって知っている?」とたずねられ、その作品を売っていただきました。そのときの、職員さんの誇らしげな表情をよく覚えています。

行動障害があるからと言って、ただ行動変容プログラムのノウハウに頼るのではなく、文化の取り組みを息長く続けることで、人格的な成長を遂げた。そのことに対する誇りを職員は共有しているんだと感じました。

「どんなに障害が重くても学校教育が必要だ」と先人たちが主張したとき、それは医療や福祉のニーズに応えるためだけではなく、健康や安全の要求に応えるためだけではなく、社会に適応し、受け入れられる存在になるというだけではない価値が志向されていました。自分が愛されるに足る存在である。生きる価値のある存在である。それを深く感じ取れる文化が必要だったのです。

重症心身障害があり、生命の戦いに挑む子どもたちにとって、また、感覚過敏やこだわりがあり、人の存在に不安を感じて生きている自閉症児にとって、「愛されている」という自覚を深く抱くことがどれほど強い武器となるか。この子たちの人生に関わったことのある人たちは、いやというほど経験していることでしょう。

ところで、チンパンジーは私たちにとって「進化の隣人」であり、微笑ましいほど、その姿はよく似ているのですが、私たちヒトには、他のサルたちにはない固有の特徴があるように思います。私見であると断りながら、特徴をあげてみます。

一つ目は、ヒトは「学ぶ」存在だけでなく、「教える」存在だということです。

例えば、アフリカの野生チンパンジーの観察では、「木の実を割って食べる行為」は、チンパンジーの女性（メスのことを松沢哲郎さんはこう呼称する）が群れの外に出て、文化が伝播するらしい。しかし、女性チンパンジーが教えるわけではない。「子どもがまねる」ことで文化は伝播します。つまり、積極的な教育行為は認めにくいというのです。「チンパンジーには学習はあるが、教育はない」と言われてきた所以です[9)]。

「教育はない」と言うと、彼らは気を悪くするかもしれません。彼らなりの教育はあるのだろうとは思いますが、しかし、ヒトの「教えたがり」の特性は際立っています。

外部遺伝子がどんなに生活を豊かに変えるか。それを教えたくて仕方がない。

塩をかけるとイモはうまい。ふかして食べると食べやすく、さらにうまい。ほら、この通り、と子どもに教えたくて仕方がない。子どもたちはチンパンジーの子どもと同じように、学びたくて仕方ない存在ですが、ここでは、教える側の積極性が顕著です。これは決して「おせっかい」とか「支配的」とかに直結するとは限らず、人生の豊かさを伝えようとする、類的存在としての優しさだと思います。

二つ目に、「教える～学ぶ」の成立は、情動的共感関係によって形成されるということです。

「石で木の実を割る」ことを教える〜学ぶということは、目標を共有することです。イメージを共有することです。それがうまく成功したときは、ともに喜びあうことができます。できた！という高揚感は、大人にとっても子どもにとっても喜びとなります。一方、失敗したり、間違ったりしたときは何も生じないかというとそうではなく、残念な気持ちや悔しさが共有されることで再チャレンジが誕生します。

つまり、試行錯誤の過程は常に感情の動きがあるのです。それは「目標が共有されている」という点がすべての基礎となっています。

三つ目に、文化を「教える〜学ぶ」営みを通して、私たちは人間らしさを手に入れることができるということです。

ヒトがもっている文化＝外部遺伝子は他のサルたちと比べて、その量は圧倒的に膨大であり、その質は極めて高度で複雑となっています。この膨大な外部遺伝子に子どもたちが出会うためには社会化された教育が必要となります。学校教育がそれに当たるわけですし、そこは子どもにとって楽しく、喜びの場となるものです。私たちが知る多くの場面でその美しい瞬間が記録されています。

一方、人類社会が高度に発展した現代において、社会化された教育システムはますます必要性を高めるとともに、強い競争原理が入り込み、子どもたちを差別、選別する機能へと転化する恐れがあります。人間らしい発達とは逆の対立物として、教育システムが凶暴化する事態を目撃しています。私たちヒトにとっての「教える〜学ぶ」営みが、馬の背を縦走するような、転落の危険をはらんだ道のりとなっている。「教える〜学ぶ」営みが人間らしさを支えるものになるよう願って、教職員組合運動や、教育研究運動は続けられています。

(5) 人間の尊厳を取り戻す

ここまで「なぜ学ぶのか」を考えてきました。PISAの学力観、能力観を念頭に、また、障害のある子どもも、障害のない子どもも同じように視野に入れながら考察してきました。ところで、「なぜ学ぶのか」という問いは、障害のある子どもにとって固有の意味をもっていると、私は思っています。

私の友人の原田文孝さんは「哀しみは人生を豊かにする……知ることは感じることの半分も重要ではない」という実践報告を書いています[10)]。

教員生活のすべてを重症児教育に打ち込んだ彼は、最後の数年間を国立病院重心病棟の担任として過ごしました。重症心身障害児施設（現在は、医療型障害児入所施設）の担任経験の長かった私は、原田さんが施設入所の重症児の現状を知って悲しい思いを抱くのではないかと心配していました。家庭で育つ重症児に比べると、いくつかの重要な場面で「人間らしい生活」が損なわれやすいこと、献身的な職員の努力にもかかわらず、そうならざるを得ない環境にあることに深く傷つくのではないかと思っていたのです。しかし、彼は落ち着いた明るさでそれを乗り越えていました。それを私は次のように紹介しました。[11]

生徒は43歳になる佐藤さん。2歳から国立病院重症児病棟に入院している人です。あぐら座位がとれたり、少しは移動もできます。言葉の理解は難しく、しかし、歌や絵本は好きで楽しそうに聞いているらしい。

彼は、ベッド上の更衣で、体に触れられることに強い抵抗を示します。怒ったり、拒否したりの姿があります。原田さんは、他者に触れられる・かかわられることに強い不安があることを彼の生活史から捉えました。2歳からの入院生活、他者への安心・信頼の不足、スキンシップの不足、治療の苦痛経験。それらが「愛されている自分」を感じ取る経験の不足になったろうと見ます。

原田さんは、「挨拶と握手」「手と手と手と」「男前になろう」「涙の体操」などの「ふれあい活動」を通して、他者の触れる（表現）、触れられる（受容）関係を楽しみ、自分を肯定的に感じられることを目指します。「男前になろう」の授業で、ひげそりをし、さっぱりした自分の顔を鏡で見たりしました。

「意味をわかる活動」として「涼む」「虫の声」「口づけに乾杯」「おいしいおと」「生活指導」としてオシメ交換、更衣、食事などもていねいに取り組まれました。

原田さんの授業は、そのアルファからオメガまで、子どもの願い（この場合は43歳の生徒）から出発しています。しかも、単に見た目でわかる表面的な願い、例えばおいしいものが食べたいとか、散歩に出かけたいとかだけではなく、それらをも含みこんでなお貫く人間的な願いを正面から引き受けていきます。その願いは一見すると、怒ったり、拒否したりするぎりぎりの表現形の中にこそ潜んでいるものでした。

一人の人間として尊重してほしい、自分のしたいことをしたい、自分でもどうしようもなくしんどいと感じている。原田さんは、佐藤さんの願いをそう表現し、ここを出発点として教育目標と実践課題を定め、原田さんは授業で取り組みました。

佐藤さんが足湯に入るそうです。靴を脱ぎ、靴下を脱ぎ、それも歌を歌いながらゆっくりとゆっくりと。そして足湯に足をつける。気持ちがほっこりしてきたら、演歌をしみじみと歌う。それだけの取り組みですが、ここには佐藤さんがそれまで味わうことのなかった、ある種の幸福感がありました。そして、その幸福感は「哀しみ」と呼べる感情に裏打ちされていました。これまでの人生を取り返すかのような、落ち着いた哀しみが佐藤さんの表情にあふれたそうです。

病棟で近くのベッドの人が亡くなると、その夜、ずっと泣かれる佐藤さんでした。看護師さんが靴下を履かせようとすると、以前は声を上げて怒っていたのが、今はそっと足を上げるようになった佐藤さんです。

重い障害を持ちながら、2歳からベッドで生き続けてきた人の人生。それを貫く人間としての願い。この人を前にして「目標は達成可能なものにしなさい」とか「数字で測定可能な目標に」とか「抽象的、主観的な目標にしないこと」などの言葉は空々しく響きます。

教育とは「外部に設定された価値に自分を売り渡す」よう子どもに迫るのではなく、「他人に売り渡すことのできないものが自分の中にある」、それを大切に育てる営みであると知りました。

障害児の教育に携わって、いつも感じるのは障害のある人たちの悲しみです。それは、運動障害があって体が思うように動かない、痛い、つらいという悲しみであったり、呼吸や摂食の苦しさであったりします。

しかし、それだけではない、人としての悲しみがあります。

知的障害があり、記憶や判断、会話が難しかったり、作業や生産労働で思うように結果が出なかったりします。自閉症では感覚過敏やこだわりがあり、それが本人にはもうどうすることもできない。人への信頼感もわきにくく、生きる世界が不安に満ちています。

視覚障害、聴覚障害、病弱など、障害の種類や程度によって、その特徴は様々ですが、機能や能力の障害だけではなく、人としての悲しみを抱いて生きています。

障害のある人は、ただ生きることをさえ否定された歴史があります。

私たちの目の前にいる障害児たちは、その歴史と無縁ではありません。人として生きることを冷笑され、社会に迷惑をかけないよう要求され、いい子であれば大事にするよと言われ、悲しく悔しい気持ちで生きてきました。

医療、福祉の力で生命を救われた人であっても、私は生きていていいのだろうかと、生まれてきたことを後悔する人もあります。

教育は「生きる意味を取り返す」、いわば、レジスタンスの戦いです。佐藤さんは、長く続いた入院生活で失いかけていた「人への信頼」、それを回復する戦いを教育で経験しました。障害児教育は、「悲しみを知る人」が「生きる喜びを知る人」へと変わっていく道のりだと知りました。障害児教育の多くの現場は明るく笑顔に満ちたものですが、二重写しに見えてくる、彼らの「悲しみ」を見ないふりはできない。そう思います。

⑹幸福感を大切な要素と考える

2022年、新年早々、オンライン研究会で胸にしみるレポートを読みました。[12] 小林秀行先生の実践記録は、次のように始まります。

「はじめに～卒業式のあと、幸福感に包まれて～

3年間を共にした子どもたちの卒業式…終わってみると本当に幸福感に包まれるような何とも言えない気持ちでした。それは達成感という感じとは違うものでした。自分がやり切った、ということとはまた違ったもので、子どもたち一人ひとりがみな立派に式に臨むことができ、晴れやかな日に立ち会うことができた…仕事をとおしてもこれまで達成感や充実感、満足感といったものは時々味わう瞬間はありましたが、ここまでしあわせな気持ちになれたのははじめてかもしれません。」

私が感銘を受けたのは、「しあわせな気持ちになれた」という表現です。現代日本にあって、教師が学校教育現場で幸福感を感じること。それは、ひょっとすると稀なことなのかもしれません。さらに、それをはばかることなく朗らかに宣言することは、もっと珍しいのかもしれない。

ほとんどの教師は、この仕事を選ぶとき、お金儲けがしたいとか、出世して偉くなりたいとかの願いをもって、教職に就いたのではないでしょう。子どもたちと学校で過ごす日々。そこにはきっと幸せな瞬間があるはずだ。苦労はするだろうけど、それを超えて、幸福な美しい場面に巡り会えるはずだ。そういう期待と予感をもって辞令を受け取っただろうと思います。

それが何と難しいことになってしまったのか。

小林先生のクラスには、「自分の話を一方的に話したいだけ」「イライラすると、他の子に執拗に八つ当たりをする」「相手を選んでいじわるをする」シュウトくんがいました。同じ様子は続くものの、「彼には本当によいところがある」と小林先生は感じるようになる。学校の用務員さんに手紙を書くようになるシュウトくん。用務員さんが、人目につかないところでたくさんの仕事をしてくれている。その姿への憧れが手紙には込められていました。

ある日、用事があって用務員室へ出かけたシュウトくんは、「あっ」と声を上げました。彼の視線の先には、自分が書いた手紙が飾ってあったそうです。

小林先生の教育は特別な実験的手法が採用されるわけでもなく、子どもたちの行動変容が学会発表されるほど劇的というわけでもありません。しかし、子どもへの視線には常に慈しみがこもっています。

卒業に至る長い日々には、どの学校でも見られるような出来事が起きています。一生懸命の勉強やけんか、珍事件も起きます。その一つひとつに誠実に向き合ってきた子どもたちと先生。

卒業式には、言うに言えない成長が感じられる。

子どもたちは、いい子だから愛されるわけではない。いい子になったから、ほめてもらうわけではない。いい子であろうが、悪い子であろうが、子どもはそのままで愛される権利をもっているし、見る目をもった人が見れば、どの子もその子なりの成長を遂げている。要は、それを感じ取って、自らの幸福として感じ取れるかどうかです。

山田洋次監督の映画「たそがれ清兵衛」で、強欲な伯父が清兵衛宅を訪れ、横柄な口調で「早く出世せよ」とすごむ。貧乏暮らしで子どもを育てる様を貶されるシーンです。しかし、清兵衛は娘を抱きかかえながら、静かに語ります。

「二人の娘が日々育っていく様子を見ていぐのは、例えば、畑の作物や草花の成長を眺めるのにも似て、実に楽しいものでがんす。」

伯父は何をばかなことを言っているんだと、つばを吐き捨てるように清兵衛の家を後にします。しかし、清兵衛の気持ちは多くの教師が感じている幸福感と同じものです。

何のために学ぶかという問いの最後に、私はこう言いたい。

教師は幸福を感じるために教えている。子どもは幸福を感じるために学んでいる。幸福を感じられない学校教育はどこか間違っている。

現代社会の厳しさは、それを寝言と言うかもしれません。しかし、厳しい教育現場を何とかしようと底支えしているのは、この幸福感に違いないと私は思います。

注

1)映画「たそがれ清兵衛」、脚本・監督、山田洋次、原作、藤沢周平、出演、真田広之、宮沢りえ、田中泯、丹波哲郎、ほか。2002年公開。

2)池内了『疑似科学入門』岩波新書、2008年、122〜134頁

3)月刊「クレスコ」大月書店、2014年11月号、35〜37頁

なお、英語原文は以下で読める。https://journals.sagepub.com/doi/pdf/10.2304/pfie.2014.12.7.872

4)恒吉僚子「国際比較の中の日本型学力　求められる学力育成システム再編の理念」、21世紀COEプログラム東京大学大学院教育学研究科基礎学力研究開発センター編『日本の教育と基礎学力　危機の構図と改革への展望』明石書店、2006年

5)吉川奈佑、鳥取大学地域学部、2018年度卒業研究「高等部に在籍する軽度知的障害児の算数・数学的思考の実態と教育的指導のあり方〜ゲーム的授業と概数獲得〜」

6)三木裕和『障害児教育という名に値するもの　子ども、教師、家庭をつなぐ実践』全国障害者問題研究会、2014年、99〜106頁

7)松沢哲郎『チンパンジーの心』岩波現代文庫、2000年、46〜52頁

なお、この事項は、三木裕和「友だちが好き、先生が好き、授業が好き〜自閉症教育の基本を振り返る」、三木裕和、

越野和之、障害児教育の教育目標・教育評価研究会編著『自閉症児・発達障害児の教育目標・教育評価2　「行動障害」の共感的理解と教育』2019年、クリイエツかもがわ、でも検討している。

8)ＮＨＫ「ラストメッセージ　第6集この子らを世の光に」初回放送、2007年3月20日

9)松沢哲郎『進化の隣人　ヒトとチンパンジー』岩波新書、2002年

10)障害児教育における教育目標・教育目標に関する研究会、2012年6月23日、鳥取大学

11)三木裕和「障害児教育の現代的課題～障害者権利条約時代の教育観を探る」、二通諭、藤本文朗編著『障害児の教育権保障と教育実践の課題　養護学校義務制実施に向けた取り組みに学びながら』、群青社、2014年

12)小林秀行、実践レポート「あせらず、じっくりと…～子どもたちと大切にしてきたこと～」、第21回全国障害児学級&学校交流集会第9分科会、2022年1月10日、オンライン開催

終　章

私の書棚には、丸谷才一の小説『笹まくら』[1)]が3冊ある。

あの本、読みたいなあと思い、探し、見つからないので仕方なく買う。読み終わって書棚にしまう段になると、あれっ、あるやんかと見つける。多くの人が経験することだ。『笹まくら』の場合、それが3冊目というわけである。

最初に読んだのは大学生の時。2回目は養護学校教員になって十数年目。そして、今回、コロナ禍の不穏な空気の中、読みたくなった。

太平洋戦争中、徴兵忌避で全国を逃げ回った青年。旅で知り合った女性との逃避行。その人との別れ。戦後、大学職員として再出発したはずの彼に、ひたひたと迫る中傷の声。高度経済成長期、徴兵忌避経験者が初めて感じるバッシングの波。

初めて読んだのは、友人に勧められてだった。

主人公の青年らしい正義感と無謀とも言える行動が印象的だった。しかし、反戦的な気負いは感じられず、むしろ全編にわたる静かな理性と軍隊への嫌悪が感じられた。2回目に読んだ事情はよく思い出せないが、障害児学校に勤め、教職員組合運動に取り組んだことが影響していたのかもしれない。

丸谷才一は芥川賞作家であり、『たった一人の反乱』『裏声で歌へ君が代』『女ざかり』など、多くのベストセラーを残している。軽妙なエッセイはファンも多い。2012年に亡くなるまで、筆をおくことなく旺盛に活躍した。上流階級然とした書きぶりは時に嫌味を感じさせるものの、私にとってはずっと好きな作家だった。特に『笹まくら』の魅力は別格で、何度か読み返すだけの魅力があった。

召集令状を受け取り、明日入営という夜に平静を装って徴兵忌避行に出る電気専門学校の若者。憲兵や怪しい「人買い」を恐れ、砂絵屋として全国を渡り歩く。徴兵忌避が家族をも巻き込む重罪であることから、恐怖に心安まるときはない。

作中、新古今の「これもまたかりそめ臥《ぶ》しのさゝ枕一夜の夢の契りばかりに」という歌が出てくる。「かさかさする音が不安な感じでしょうね。やりきれない、不安な旅……」。大学のフランス文学者が何気なく講釈する場面は、大学職員としてかりそめの平和を暮らす奥底にいつまでも消えない恐怖が象徴される。

平和をよきものとする戦後世論の中、いつの間にか、徴兵忌避経験を隠さなくてはいけない時代が来た。大学の人事を巡る争いの背景に、「少数者」を罰しようとする凶暴な世論があることを感じ取る。そんな小説である。

新型コロナ感染症が予想を超えて広がり、重症化、死亡例の報告が相次ぐ中、人々の心性に暗い影が落ちつつあった2020年春。3冊目を取り寄せたのはその時期だった。

正直に言うと、『笹まくら』を取り寄せた事情とコロナの世情とが関係していると自覚するのには、少し時間がかかった。しかし、気づいてみると、それは驚くほど近い距離の問題だったように思う。

ワケありの「弱者」を見つけ出し、その責めを本人に帰し、公然と罰することによって社会を守ろうとする感性は、障害児教育に関わってきた者として、他人事ではない恐怖なのだ。

障害、難病、疾病などの苦難を生きる人たちは、その苦難が少数者であるからこそ差別され、排除され、攻撃されてきた歴史を負っている。そこには非科学が導く錯誤もあっただろう。しかし、人間という存在には、その根底に「被害者」を擁護するのではなく、むしろ排斥し、攻撃するという残忍性があることを忘れてはいけない。それが、時には正義として人々に振りまかれるという事実から、目を背けることはできない。

ジェーン・グドールは『野生チンパンジーの世界』『森の隣人』『森の旅人』など、チンパンジーに関する書物を多く残した女性である。イギリス出身の彼女は、正規の大学教育を経ることなく、ルイス・リーキー（人類学者）の知己を得て、アフリカ、タンザニアのジャングルで長くチンパンジーの研究に没頭した。どの著作を読んでも、チンパンジー一人ひとりを注意深く観察し、正確な記録を残そうとしていることがわかる。愛情深いというよりも、地上に生きるもの同士としての敬意をチンパンジーにもっている。そんな研究者だ。

グドールはチンパンジーに「戦争のルーツ」を見ている。

「チンパンジーが敵意をもって、いわばヒトの部族間抗争と変わらない縄張り行動をとることがあるという発見は、胸おどるものであると同時に戦慄すべきものでもあった。わたしはずっと、戦争が人間に特有なものであるとばかりおもっていた。[2]」

彼女の観察によれば、チンパンジーの「戦争」はヒトの戦争行動の初期段階だ。領土意識に敏感で、「よそ者」の侵入に対して強固に防衛するだけでなく、週に1回は縄張りのパトロールをし、よその群れの動向を監視する。若いオスたちは、群れ間抗争に異常なスリルを感じることもあるらしい。集団としてのアイデンティティは単なる「未知なものへの恐れ」ではなく、複雑な文化的種分化の原型だと言う。しかし、と彼女は続ける。

「しかし、ヒトの攻撃性には、独自な点が見られる。チンパンジーは自分が攻撃している相手の苦痛をあるていど自覚しているようだが、かといって、ヒトほど残酷になれる能力はけっしてもちあわせていない。相手の苦痛を知っていながら、むしろ知っているからこそ、故意に相手に身体的、精神的苦痛を負わせることができるのは、われわれヒトだけである。(中略)チンパンジーによる最悪の攻撃よりもはるかに悪質なのは人間の悪である。わたしはそう考えるようになったのである。[3]」

「ヒトの攻撃性」の残虐な匂いを、私たちはこのコロナ禍で何度か嗅いでいる。それはうっすらとした匂いであったり、時には強く鼻をつくものであったりした。

新型コロナ感染症の初期段階、私が住んでいた土地は全国でも稀な「感染者ゼロ」の地域だった。放送されるTVニュースでも、地図上に「0」が示される日が続いたが、ある日、初めての感染事例が出た。予想されたとおり、バッシングが始まった。偶然に、私はその人を知っていたのだが、後日、うかがった話によると、病院に行っても、受付フロアで大声で罵られたという。「あいつだ、あいつだ」。いたたまれなくなった。自宅にも悪意ある声が押し寄せる。コロナ感染の症状ではなく、精神科の治療が必要となった。

断るまでもなく、その人には何の落ち度もなかった。仕事熱心に活動したために罹患したのであって、社会はそれを攻める理由など、何も見つけられなかったはずだ。なのに、こんなことが起きたのだ。

この時期、全国的にもこの焦燥感覚が高まっていた。

新型コロナ対策の名を冠して、感染抑止に応じない感染者や飲食店に罰則を科す特別措置法と感染症法の改正が国会で議論されていた。

検討の当初、感染症法改正に当たって、政府は、入院を拒否する陽性者に刑事罰（1年以下の懲役、または100万円以下の罰金）を用意した。疫学調査を拒否する者にも、50万円以下の罰金（これも刑事罰）が検討されていた。

懲役刑である。

当然のこととして、多くの批判の声が上がり、刑事罰は撤回されたが、入院拒否者には50万円以下の過料（刑事罰に当たらない）、調査拒否には30万円以下の過料となった。しかし、社会的制裁を求める世論は高まりを見せた。コロナ患者を「よそ者」として排斥する感情（ゼノフォービア）が社会に満ちてくるのを感じた。

全国知事会は、最初から罰則規定を積極的に求めていた。

地方自治体には地域住民からの声が届きやすい。排斥感情が市民の間に高まっていたことに苦慮していたようだ。市民の生活を守るための施策を検討し、市民同士の怨嗟が増幅しないよう配慮しつつ、しかし、全国知事会はコロナ患者への刑事罰を求め、政府に意見書を出している。[4]（傍線、三木）

実効性ある感染症拡大防止対策の強化について

（一）特定警戒都道府県を中心に、新型インフルエンザ等対策特別措置法第24条第9項に基づく休業要請を行っても協力が得られず、同法第45条第2項の規定による要請や同条第4項の公表を行ってもなお営業を継続する事業者が存在するところである。全国にチェーン展開する事業者に対し政府としても休業等を要請するとともに、協力に応じた事業者への補償・支援の一層の充実を早急に図ること。また、こうした補償・支援を特別措置法に位置付け、国の財源措置のもとに実施できるようにするとともに、都道府県知事の指示に従わない場合には罰則適用の対象とする等、法制度も含め早急に実効性を担保する措置を講ずること。

（2）感染症法に基づく積極的疫学調査におけるPCR検査の受検や陽性者に対する行動歴の調査、さらには自宅待機等に対して協力が得られないケースも多発しており、感染者を社会全体で支えていく意識づくりはもとより、要請・指示に従わず、調査協力を拒否する行為に対して、実効性を担保するため法的措置を設けるなどの改善を図ること。

また、感染者の早期発見、早期隔離、行動履歴調査、濃厚接触者追跡調査により感染封じ込めを徹底して行えるよう、財政措置や情報共有体制はじめ効果的な促進を図ること。

ここに来て、障害者問題にかかわりのある人であれば、ハンセン病などの過去の事例を思い起こすことになる。

歴史の上で、感染症対策が「いわれのない差別」と無縁であったためしはないのだ。感染症法の前文にも、その戒めが記されている。

人類は、これまで、疾病、とりわけ感染症により、多大の苦難を経験してきた。ペスト、痘そう、コレラ等の感染症の流行は、時には文明を存亡の危機に追いやり、感染症を根絶することは、正に人類の悲願と言えるものである。

医学医療の進歩や衛生水準の著しい向上により、多くの感染症が克服されてきたが、新たな感染症の出現や既知の感染症の再興により、また、国際交流の進展等に伴い、感染症は、新たな形で、今なお人類に脅威を与えている。

一方、我が国においては、過去にハンセン病、後天性免疫不全症候群等の感染症の患者等に対するいわれのない差別や偏見が存在したという事実を重く受け止め、これを教訓として今後に生かすことが必要である。

このような感染症をめぐる状況の変化や感染症の患者等が置かれてきた状況を踏まえ、感染症の患者等の人権を尊重しつつ、これらの者に対する良質かつ適切な医療の提供を確保し、感染症に迅速かつ適確に対応することが求められている。

（感染症の予防及び感染症の患者に対する医療に関する法律、前文）


人類社会は感染症などの危機に瀕したとき、本来、救済されるべき患者など、少数者が差別され、排撃されてきた歴史を知っている。障害者はその矢面に立たされた苦難の歴史をもっている。コロナ禍でこそ、この苦難が再燃していないか、私たちは注視する必要がある。

さらに言えば、少数者への排撃は市民感覚によってのみ醸成されるものではない。権力が本格的に関わってくる段階で、別の段階に発展するのだ。戦前のハンセン病対策はその典型例である。以下の記録を忘れずにおきたい。

「戦前の組織で言うと、医療行政は警察行政の一環でした。ですから、こうした医療に関わる調査というものも警察が関わってやっておったわけです。同時に、なぜ警察が医療行政まで管轄したかということは感染症に対しては、これは単なる医療の問題だけではなくて治安対策、そういった意味もあったからです。ですから、こうした警察が医療のことも調べていた。警察官が一々ハンセン病患者の数を調べて回ったということになります。

——警察による取り締まりの対象になったと考えてよろしいんでしょうか。

はい。ハンセン病患者は特にそうした意味では取り締まり対象として考えられていました。」

「当時、日本は戦争の道に歩んで行きました。陸軍が国民の体力を強化する、強い国民をつくるということから、陸軍が医療行政に深く介入してきます。そういう中でハンセン病患者を全部隔離する、そうした絶対隔離の法律が出来上がっていったというふうにかんがえております。」

（鳥取訴訟、藤野豊証人の証言[5]）

2022年2月24日、この日を私たちは記憶に刻んだ。

ロシアによるウクライナへの侵略戦争が始まった日である。戦争の長期化に伴い、多くの市民が犠牲となり、膨大な数の人々が隣国への避難民となっている。ロシアの攻撃は止むことなく、ウクライナの防衛戦争が続いている。冬を迎えた現在も、その戦禍は止む気配が見えない。

インクルージョン・ヨーロッパに寄せられた「全ウクライナ知的障害者NGO連合」からの手

記（一部抜粋）。

「私は夜、枕を顔に押し当て叫びます。私には、まるで地球全体が痛みで震えているように思えます。私に戦争を止めることはできません。今日、娘に聞かれました。「ママ、どうして泣いているの？」、私は涙を拭きながら答えました。「外は戦争なのよ」。娘はまた聞いてきました。「戦争って痛いの？」。私は何も答えられませんでした。」（3月23日、フメリヌィツキー市）

「ウクライナのすべての子どもたちにとって、非常に困難な時期であり、私たちはできる限りのことをしなければなりません。障害のある子どもや若者は、自分たちの生活を満たすことを望んでいます。彼らの多くは、彼らの持つ「特別なニーズ」のために見捨てられ、避難することができません。障害があることは問題ではないことを、私たちは一緒に証明しなければなりません。」（3月9日、リヴィウ市）

私たちは、この声にどう応えるのか。障害児教育に携わる私たちには、平和への強い自覚と責任が求められている。

戦争は障害者を生むと同時に、戦争によって最も傷つくのは、高齢者であり、子どもであり、障害者である。「人類社会の全ての構成員の固有の尊厳及び価値並びに平等のかつ奪い得ない権利が世界における自由、正義及び平和の基礎を成すものである」（障害者権利条約前文）という精神を今一度思い起こすべき時だ。

障害者の人権が守られることが世界平和の基礎だと、障害者権利条約は言う。その意味で、障害児一人ひとりを大切にする教育は平和運動そのものだと考えていい。福祉も医療の実践も同じように、世界平和への価値を有するのだと思う。

ウクライナ侵略という危機に乗じて、「核共有」「敵基地攻撃能力」「軍事費GDP比2％以上」など、軍拡の声が急速に高まっている。戦争の興奮が世論に満ちるとき、勇ましい軍拡の言辞が人々を熱狂させることは、歴史の事実が教えることだ。

障害児教育と平和運動を結びつける自覚が求められている。それは、憲法9条改憲の狼煙が上がろうとする昨今、特に強調される観点だろう。

原稿を書くのは遅い方ではない、と自認していた。速い方でもない、とも思っていたけど。しかし、本書の原稿は遅れに遅れた。鳥取大学の定年退職、1年間のお気楽年金生活、立命館大学への就職という生活の変化に、それなりに忙しくしていたように思い返している。

今回、原稿を書く中で、かつて鳥取大学で教えた学生たちと連絡をとった。たった数年を経ただけだが、彼らは大きく変化していた。成長していた。

引っ込み思案だった女性がオシャレになり、ゴスペルグループのボーカリストになっていた。

お母さんになった女性は、ダウン症のお兄さんとわが子のツーショットを送ってくれた。

運動障害と生きる女性は、次のようなメールをくれた。

「自分の足のことも、あの時の原稿を書いた時とは捉え方も変わりました。色んなこと教えてくれてありがとうと、大好きな身体の一部です。やっと心の底から受け入れられたような感覚です。」

勝つか負けるかではない戦いを、彼らは生きている。

それは、人間として生きるための戦いだ。

長い教員生活を振り返るとき、同じ戦いを生きてきた子どもたちを思い返すことができる。記憶の中で、どの子も笑っている。

私も今しばらく、その戦いに加わりたいと願っている。

本書制作に当たり、待ちに待って、その忍耐強さを証明してくれたクリエイツかもがわの伊藤愛さんに心からの感謝を申し述べます。

注

1)丸谷才一『笹まくら』新潮文庫、1974年。この項は、雑誌「教育」2020年11月号「読書と私」に寄せた原稿をもとに、全面的に書き改めた。

2)ジェーン・グドール『森の旅人』角川書店、2000年、154頁

3)同書、163頁

4)全国知事会新型コロナウイルス緊急対策本部「新型コロナウイルス感染症対策に係る緊急提言」2020年4月30日

5)ハンセン病家族訴訟弁護団編『家族がハンセン病だった—家族訴訟の証言』六花出版、2018年、255頁

著者

三木裕和（みきひろかず）

1955年、兵庫県生まれ。2000年、兵庫教育大学大学院修了。

1980年より、兵庫県立氷上養護学校、同校中町分校（現北はりま特別支援学校）のぎく訪問学級、兵庫県立出石特別支援学校勤務、2011年より、鳥取大学地域学部地域教育学科。

現在、立命館大学産業社会学部教授。

特別支援教育は幸福を追求するか

学習指導要領、資質･能力論の検討

2023年2月1日　初版発行

著　者　©三木裕和

発行者　田島英二

発行所　株式会社 クリエイツかもがわ

〒601-8382　京都市南区吉祥院石原上川原町21

電話　075（661）5741　FAX　075（693）6605

ホームページ　https://www.creates-k.co.jp

郵便振替　00990-7-150584

装　丁　菅田　亮

印刷所　モリモト印刷株式会社

ISBN978-4-86342-342-8 C0037　Printed in Japan

三木裕和、越野和之、障害児教育の教育目標・教育評価研究会の本

自閉症児・発達障害児の教育目標・教育評価1
子どもの「ねがい」と授業づくり

A5判140頁
1540円

仲間の中で文化にふれて、子どものねがいはあふれ出す。そのエネルギーをどうとらえる。

序章●教育の自由を求めて闘おう
特論●自閉症・発達障害教育と教育目標・
　教育評価その論点と課題
実践●性教育の授業でこころを開く
—高等部3年間を振り返って
実践●みんなで読む民話『おだんごぱん』
—小学校特別支援学級の「ことば」の授業づくり
実践●地域を学び、地域に学ぶ
—理科／社会科「わたしたちのくらしとしごと」の
　実践から
実践●自閉スペクトラム症青年がつむぐ人間関係
—高等部専攻科の「お笑いコント」づくりを通して
実践●教育実践と発達診断
実践報告の解説とコメント
　自閉症の子ども・青年と授業づくり
特論●人とのつながりのなかで育まれる
—自閉症児の発達へのねがい
特論●青年期の発達を保障する学びのあり方

自閉症児・発達障害児の教育目標・教育評価2
「行動障害」の共感的理解と教育

A5判136頁
1540円

激しい行動の内側で、子どもが本当に伝えたいことは何か。その、目に見えないところをわかりたい。

総論●友だちが好き、先生が好き、授業が好き
—自閉症教育の基本を振り返る
特論●情動的共感を教育目標に
—強度行動障害の理解と実践
特論●強度行動障害のある人に対する
　教育実践の現状と展望
実践●子どもたちが教えてくれたこと
実践●友だちが心に灯った時
　「ごめんなさい」のことば
実践●要求を育み、楽しめる世界をつくり出す
　実践から学んだこと
実践●喜怒哀楽の「怒」から「あい」へ
実践報告の解説とコメント
　「行動障害」のある自閉症の理解と指導
報告●教育相談の窓口から見た学校教育
特論●子どものかわいさ・おもしろさを
　わかちあう療育実践
—心理職はどのように加わることができるのか